乡村振兴·农民教育培训系列教材

# 宜居宜业和美乡村建设

易桂林　张　玲　于小云　主编

中国农业科学技术出版社

**图书在版编目(CIP)数据**

宜居宜业和美乡村建设 / 易桂林，张玲，于小云主编. --北京：中国农业科学技术出版社，2023. 8（2025. 12重印）

ISBN 978-7-5116-6318-4

Ⅰ. ①宜… Ⅱ. ①易…②张…③于… Ⅲ. ①城乡建设-研究-中国 Ⅳ. ①F299. 21

中国国家版本馆 CIP 数据核字(2023)第 107915 号

**责任编辑** 张志花
**责任校对** 王 彦
**责任印制** 姜义伟 王思文

**出 版 者** 中国农业科学技术出版社
北京市中关村南大街 12 号 邮编：100081
**电 话** (010) 82106636 (编辑室) (010) 82109702 (发行部)
(010) 82109709 (读者服务部)
**网 址** https://castp.caas.cn
**经 销 者** 各地新华书店
**印 刷 者** 北京科信印刷有限公司
**开 本** 140 mm×203 mm 1/32
**印 张** 6. 125
**字 数** 155 千字
**版 次** 2023 年 8 月第 1 版 2025 年 12 月第 4 次印刷
**定 价** 28. 60 元

## 《宜居宜业和美乡村建设》

主　编　易桂林　张　玲　于小云
副主编　任美丽　陈瑞燕　杜沂骏
　　　　马　征　王　焱　陈桂龙
编　委　郭华芳　刘　林　金　健

# 前言

党的二十大报告提出，“全面推进乡村振兴”“统筹乡村基础设施和公共服务布局，建设宜居宜业和美乡村。”在全面开启社会主义现代化建设的新征程中，建设宜居宜业和美乡村是党中央在“三农”领域的重大政策创新，是全面实施乡村振兴战略的又一重大举措。从美丽乡村到宜居宜业和美乡村，是乡村建设内涵和目标进一步丰富和拓展的过程，充分反映了亿万农民对建设美丽家园、过上美好生活的愿景和期盼。

建设宜居宜业和美乡村，涉及农村生产、生活、生态各个方面。从基础设施基本完备，到公共服务普惠可及；从广大农民富裕富足，到人与自然和谐共生；从治理有序充满活力，到优秀传统文化繁荣发展……其目标任务是全方位、多层次的。因此，建设宜居宜业和美乡村是一项长期任务、系统工程，需要政府、社会和农民朋友共同参与。

本书从如何建设宜居宜业和美乡村、让广大农民就地过上现代化的生活出发，结合当前乡村发展现状编写而成。主要内容包括宜居宜业和美乡村建设概述、改善乡村风貌、整治乡村环境、完善公共基础设施、提升公共服务水平、促进就近就地就业、加强农村精神文明建设、践行文明健康生活等。本书内容实用、语言通俗、体系完整，对全国各地开展宜居宜业和美乡村建设工作具有现实指导意义。

由于作者水平有限，书中难免存在不足之处，欢迎广大读者批评指正！

编　者

2023 年 6 月

# 目录

第一章　宜居宜业和美乡村建设概述……………………………1
　第一节　建设宜居宜业和美乡村的科学内涵………………………1
　第二节　建设宜居宜业和美乡村的意义……………………………4
　第三节　建设宜居宜业和美乡村的思路……………………………6
第二章　改善乡村风貌……………………………………………11
　第一节　分类推进村庄发展…………………………………………11
　第二节　乡村道路规划………………………………………………20
　第三节　乡村景观环境规划…………………………………………26
第三章　整治乡村环境……………………………………………30
　第一节　生活污水处理………………………………………………30
　第二节　生活垃圾处理………………………………………………34
　第三节　畜禽粪便无害化处理与利用………………………………39
　第四节　农村厕所改造………………………………………………46
第四章　完善公共基础设施………………………………………55
　第一节　农村道路畅通工程…………………………………………55
　第二节　农村防汛抗旱和供水保障工程……………………………60
　第三节　农村清洁能源建设工程……………………………………65
　第四节　农产品仓储保鲜冷链物流设施建设………………………69
　第五节　数字乡村建设发展工程……………………………………75
　第六节　村级综合服务设施提升工程………………………………83
　第七节　农房质量安全提升工程……………………………………85
第五章　提升公共服务水平………………………………………91
　第一节　农村教育……………………………………………………91

第二节　医疗卫生……93
第三节　农村养老服务……95
第六章　促进就近就地就业……100
第一节　发展乡村产业……100
第二节　提升农业经营管理水平……106
第三节　乡村创新创业……127
第七章　加强农村精神文明建设……131
第一节　加强农村思想道德建设……131
第二节　传承乡村优秀传统文化……133
第三节　保护传承农耕文化……139
第四节　弘扬新乡贤文化……145
第八章　践行文明健康生活……150
第一节　学习普通话……150
第二节　摒弃农村陋习……152
第三节　倡导健康生活方式……155
参考文献……157
附录一　首批全国村级“乡风文明建设”优秀典型案例……158
附录二　第二批全国村级“文明乡风建设”典型案例……162
附录三　第三批全国村级“文明乡风建设”典型案例……177

# 第一章 宜居宜业和美乡村建设概述

## 第一节 建设宜居宜业和美乡村的科学内涵

2022年10月，习近平总书记在党的二十大报告中提出“全面推进乡村振兴”，强调“建设宜居宜业和美乡村”。建设宜居宜业和美乡村，其目标任务是全方位、多层次的，涉及农村生产生活生态各个方面，涵盖物质文明和精神文明各个领域，既包括“物”的现代化，也包括“人”的现代化，还包括乡村治理体系和治理能力的现代化，内涵十分丰富，总体上要把握好以下要求。

### 一、农村要逐步基本具备现代生活条件

现在农村生活条件已有很大改善，但离基本具备现代生活条件的要求还有不小的差距，农村道路、供水、能源、通信等公共基础设施还不健全，厕所、垃圾污水处理、村容村貌等人居环境条件还需持续改善，教育、医疗卫生、养老托幼等基本公共服务水平有待提高。需要紧紧围绕逐步使农村基本具备现代生活条件这一目标，努力实现以下4个方面内容。

#### （一）农村基本生活设施不断完善

乡村水电路气信和物流等生活基础设施基本配套完备，农村住房建设质量稳步提高，生产生活便利化程度进一步提升。

### （二）农村基本公共服务公平可及

全民覆盖、普惠共享、城乡一体的基本公共服务体系逐步健全，城乡基本公共服务均等化扎实推进，教育、医疗、养老等公共服务资源县乡村统筹配置、合理布局，农村基本公共服务水平不断提升。

### （三）农村环境生态宜居

农村人居环境持续改善，卫生厕所进一步普及，生活垃圾和污水得到有效处理，农村生态环境逐步好转，绿色生产生活方式深入人心。

### （四）乡村风貌各具特色

村庄风貌突出乡土特征、文化特质、地域特点，既个性鲜明、富有特色，又功能完备、设施完善，保留乡风乡韵、乡景乡味，留得住青山绿水、记得住乡愁。

## 二、农村要创造更多农民就地就近就业机会

现在越来越多的农民选择离土不离乡，在县域内就近就地就业。2021 年农民工监测调查报告显示，有 1.62 亿农民工在县域内就业，占全国 2.93 亿农民工总数的 55%。需要全面拓宽乡村发展空间，增加县域就业容量，带动更多农民实现就地就近就业增收，努力实现以下 3 个方面内容。

### （一）乡村就业更加充分

农业多种功能、乡村多元价值得到有效开发，乡村产业发展提供更多就近、稳定的就业岗位，农村劳动力稳定外出务工就业，农民生产经营能力、就业技能和质量显著提高。

### （二）农民增收渠道更加多元

农民增收长效机制进一步健全，农民生活水平不断提高，城乡居民收入差距逐步缩小。

### （三）乡村发展空间更加广阔

农村营商环境显著改善，政策支持和服务保障不断强化，各类人才留乡返乡入乡就业创业，成为带动乡村发展的主力军。

## 三、农村要保持积极向上的文明风尚和安定祥和的社会环境

乡村不仅要塑形，更要铸魂；不仅要“富口袋”，更要“富脑袋”。乡村振兴不能仅盯着经济发展和物质生活改善，忽视乡村治理和农村精神文明建设。需要在加强“硬件”建设的同时，更加注重在滋润人心、德化人心、凝聚人心的“软件”上下功夫，努力实现以下3个方面内容。

### （一）乡村治理效能显著加强

农村基层党组织进一步抓实建强，党组织领导下自治、法治、德治相结合的乡村治理体系不断健全，乡村善治水平显著提高。

### （二）乡风文明程度明显提升

社会主义核心价值观深入人心，优秀传统文化繁荣发展，农村移风易俗取得扎实进展，农民精神风貌全面提振，良好社会风尚蔚然成风。

### （三）农村社会保持稳定安宁

农村各类矛盾纠纷有效化解，平安乡村建设扎实推进，农村社会环境始终保持稳定。

## 四、城市和乡村要各美其美、协调发展

现代化进程中城的比重上升、乡的比重下降是客观规律，但城乡将长期共生并存也是客观规律。需要强化以工补农、以城带乡，加快形成工农互促、城乡互补、协调发展、共同繁荣的新型工农城乡关系，努力实现以下两方面内容。

### （一）农民在城乡之间可进可退、自由流动

农业转移人口市民化扎实推进，城市基本公共服务逐步向常住人口全覆盖，进城落户农民的土地承包经营权、宅基地使用权和集体收益分配权得到有效保护。

### （二）城乡融合发展体制机制更加完善

城乡要素自由流动制度性通道基本打通，城乡发展差距和居民生活水平差距不断缩小，以县城为重要载体的城镇化扎实推进，县域城乡融合发展取得显著进展。

## 第二节　建设宜居宜业和美乡村的意义

建设宜居宜业和美乡村，是全面建设社会主义现代化国家的重要内容，是让农民就地过上现代生活的迫切需要，是焕发乡村文明新气象的内在要求，对于全面推进乡村振兴具有深远的历史意义和重大的现实意义。

### 一、全面建设社会主义现代化国家的重要内容

全面建设社会主义现代化国家，实现中华民族伟大复兴，最艰巨最繁重的任务依然在农村，最广泛最深厚的基础依然在农村。当前，与快速推进的工业化、城镇化相比，农业农村发展步伐还跟不上，城乡发展不平衡、乡村发展不充分仍是社会主要矛盾的集中体现。实施乡村振兴战略，是关系全面建设社会主义现代化国家的全局性、历史性任务。新时代新征程，要以全面建成小康社会为新起点，做好全面推进乡村振兴这篇大文章，补上“三农”短板，夯实“三农”基础，促进农业全面升级、农村全面进步、农民全面发展，建设宜居宜业和美乡村。这是农业农村发展新的历史方位，也是“三农”工作新的历史使命。

## 二、让农民就地过上现代生活的迫切需要

近年来，农村生产生活条件已有很大改善，乡村面貌发生焕然一新的变化。农村不是凋敝落后的代名词，完全可以与城镇一样，建设成为现代生活的重要承载地。2021 年，我国农村户籍人口 7.6 亿人、常住人口 4.98 亿人，未来即便是城镇化率达到 70%以上，还将有数亿人生活在农村，他们与城镇居民一样，也向往在居住地就能过上现代生活。要顺应农民群众对美好生活的向往，通过坚持不懈地推进宜居宜业和美乡村建设，持续提高农村生活质量、缩小城乡发展差距，努力将农村打造成农民就地过上现代生活的幸福家园。

## 三、焕发乡村文明新气象的内在要求

农村是我国传统文明的发源地，乡土文化的根不能断，农村不能成为荒芜的农村、留守的农村、记忆中的故园。农村优秀传统文化是我国农耕文明曾长期领先于世界的重要基因密码，也是新时代提振农村精气神的宝贵精神财富。在城镇化和市场经济的冲击下，一些优秀传统乡土文化逐渐衰落凋零，一些各具特色的传统村落正在加速消失，农村高价彩礼、人情攀比、封建迷信、厚葬薄养、铺张浪费等陈规陋习亟待纠正治理。推进宜居宜业和美乡村建设，必须坚持物质文明和精神文明一起抓，把我国农耕文明优秀遗产和现代文明要素结合起来，赋予新的时代内涵，让我国历史悠久的农耕文明在新时代展现其魅力和风采，进一步改善农民精神风貌，提高乡村社会文明程度。

## 第三节　建设宜居宜业和美乡村的思路

党的二十大报告对建设宜居宜业和美乡村进行了全面部署，提出了明确要求。要从政治高度和全局高度，抓紧抓好重点任务落实落地，推动宜居宜业和美乡村不断取得新进展新成效。

### 一、构建现代乡村产业体系

产业是发展的根基。乡村“五大振兴”，产业振兴是第一位的。只有产业兴旺了，才能让农业经营有效益、成为有奔头的产业，才能让农民增收致富、成为有吸引力的职业，才能让农村留得住人、成为安居乐业的美丽家园。要做大做强种养业。始终绷紧粮食安全这根弦，大力推进农业强国建设，全面落实好藏粮于地、藏粮于技战略，不断提高粮食和重要农产品供给保障水平。要促进农村一二三产业融合发展。依托农业农村资源，发展乡村二三产业，延长产业链、提升价值链，推动乡村产业发展向深度和广度进军，提高质量效益和市场竞争力。要树立带动农民就业、促进农民增收的发展导向。立足整个县域统筹规划产业发展，充分发挥各类产业园区带动作用，科学布局生产、加工、销售、消费等环节，把产业增值环节更多留在农村、增值收益更多留给农民。要完善联农带农机制。正确把握工商资本在发展乡村产业中的作用定位，设置好“红绿灯”，加强全过程监管，引导工商资本发挥自身优势，形成与农户产业链上优势互补、分工合作的格局，带动农民致富增收。

### 二、巩固拓展脱贫攻坚成果

巩固脱贫成果是乡村振兴的前提，不仅要巩固下来，还要有进一步的发展，让脱贫群众的生活更上一层楼。要牢牢守住不发生规模性返贫的底线。强化防止返贫监测帮扶机制落实，及时发现、及时预警、及时干预，把风险消除在萌芽状态，防止出现整乡镇返贫，切实维护和巩固脱贫攻坚战的伟大成就。要更多依靠发展来巩固拓展脱贫攻坚成果。把增加脱贫群众收入作为根本措施，把促进脱贫县加快发展作为主攻方向，统筹整合各类资源补短板、促发展，确保兜底保障水平稳步提高，确保“三保障”和饮水安全水平持续巩固提升，不断缩小收入差距、发展差距。要健全农村低收入人口和欠发达地区常态化长效化帮扶机制。健全完善农村社会保障制度，强化救助资源整合，实施分层分类帮扶救助，筑牢兜底保障网，提高农村低收入人口抗风险能力。加大对乡村振兴重点帮扶县等欠发达地区支持力度，健全支持政策体系，形成相互促进、优势互补、共同发展的区域发展新格局。

### 三、扎实稳妥实施乡村建设行动

以满足农民群众美好生活需要为引领，重点加强普惠性、基础性、兜底性民生建设。要推进农村基础设施现代化建设。继续把公共基础设施建设的重点放在农村，统筹推进城乡基础设施规划建设，扎实推进农村道路、供水保障、清洁能源、农房质量安全提升、农产品仓储保鲜和冷链物流、防汛抗旱、数字乡村等设施建设，优先安排既方便生活又促进生产的建设项目。要坚持不懈改善农村人居环境。因地制宜推进农村改厕、生活垃圾处理和生活污水治理，深入推进村庄绿化美化亮化。立足乡土特征、地域特点和民族特色提升村庄风貌，注重保护传统村落和特色民居，传承好历史记忆，把挖掘原生态村居风貌和引入现代元素结合起来，打造各具特色的现代版《富春山居图》，防止机械照搬城镇建设那一套，搞得城不像城、村不像村。要促进农村基本公共服务提质增效。加快填平补齐农村教育、医疗卫生、社会保障、养老托育等基本公共服务短板，不断提高服务能力和服务水平。适应农村人口结构和社会形态变化，加大县乡村公共服务资源投入和统筹配置力度，推动形成县乡村功能衔接互补、分级解决不同问题的一体化发展格局，促进县域内基本公共服务体系持续健康发展。需要强调的是，乡村建设主要是解决“有新房没新村、有新村没新貌”问题，不是要另起炉灶搞新村建设，更不能违背农民意愿搞大规模村庄撤并、赶农民上楼。

## 四、加强和改进乡村治理

乡村治理事关党在农村的执政根基和农村社会稳定安宁。必须以保障和改善农村民生为优先方向，树立系统治理、依法治理、综合治理、源头治理的理念，不断提高乡村治理体系和治理能力现代化水平。要发挥农村基层党组织在乡村治理中的领导作用。坚定不移地加强农村基层党组织建设，全面提升农村基层党组织的组织力、凝聚力、战斗力。旗帜鲜明地坚持和加强基层党组织对各类乡村组织的领导，健全党组织领导的乡村治理体系，派强用好驻村第一书记和工作队，把群众紧密团结在党的周围。要健全县乡村三级治理体系功能。牢固树立大抓基层的工作导向，推动治理重心下移、资源下沉。发挥县级在乡村治理中领导指挥和统筹协调作用，强化县级党委抓乡促村职责。整合乡镇审批、服务、执法等各方面力量，提高为农服务能力。更好发挥村级组织基础作用，增强村级组织联系群众、服务群众能力。要创新乡村治理方式方法。综合运用传统治理资源和现代治理手段，推广应用积分制、清单制、数字化等治理方式，推行乡村网格化管理、数字化赋能、精细化服务。

## 五、加强农村精神文明建设

农村精神文明建设相对城市滞后，主要在于适应农民群众特点的载体平台少。要创新农村精神文明建设的工作方法。积极探索统筹推进城乡精神文明融合发展的具体方式，大力弘扬和践行社会主义核心价值观，加强农民思想教育和引导，有效发挥村规民约、家教家风作用，培育文明乡风、良好家风、淳朴民风。要加强农村公共文化阵地建设。结合农村受众和对象，增加更多具有农耕农趣农味、充满正能量、形式多样接地气、深受农民欢迎的文化产品供给。要深入推动农村移风易俗。明确顶层设计和系统谋划，找准实际推动的具体抓手和载体，划清传统礼俗和陈规陋习的界限，旗帜鲜明地反对天价彩礼、反对铺张浪费、反对婚丧大操大办、抵制封建迷信，引导农民群众改变陈规陋习、树立文明新风。

## 六、加快县域城乡融合发展

与大中城市相比，在县域范围内打破城乡分割格局，率先实现城乡融合发展，成本更低、更具现实可行性。要推动形成县乡村统筹发展的格局。赋予县级更多资源整合使用的自主权，加大县乡村统筹发展力度，强化产业、基础设施、公共服务等县域内统筹布局，持续推进县域内城乡要素配置合理化、城乡公共服务均等化、城乡产业发展融合化。要加快建立健全城乡融合发展体制机制和政策体系。加强统筹谋划和顶层设计，推动在县域内基本实现城乡一体的就业、教育、医疗、养老、住房等政策体系，逐步在县域内打破城乡的界限，淡化市民农民概念，推动形成农民在工农之间自主选择、自由转换，在城乡之间双向流动、进退有据的生产生活形态，把县域打造成连接工农、融合城乡的重要纽带。

## 七、健全宜居宜业和美乡村建设推进机制

建设宜居宜业和美乡村是一项长期任务、系统工程，必须稳扎稳打、久久为功，一年接着一年干、一件接着一件抓，不可一蹴而就、急于求成。要坚持乡村建设为农民而建。坚持数量服从质量、进度服从实效，求好不求快，真正把好事办好、实事办实，让农民群众在全面推进乡村振兴中有更多获得感、幸福感、安全感。要建立健全自下而上、村民自治、农民参与的实施机制。充分发挥农民主体作用，更好发挥政府作用，政府要切实提供好基本公共服务，做好规划引导、政策支持、公共设施建设等，农民应该干的事、能干的事就交给农民去干，健全农民参与规划建设和运行管护的机制。要切实加强和改进工作作风。我国农村地域辽阔，各地情况千差万别、社会风俗习惯不同，再加上农村工作直接为农民服务，随时接受农民检验，来不得半点虚假。必须从实际出发，求真务实、尊重规律，紧密结合实际谋划和推进，坚决防止和反对各种形式主义、官僚主义，坚定维护农民物质利益和民主权利，以优良作风全面推进乡村振兴。

# 第二章 改善乡村风貌

## 第一节 分类推进村庄发展

我国村庄数量众多，特征各异，在乡村振兴的过程中不能采用相同的模式同步推进，而要根据不同村庄的特征进行分类，因地制宜推进乡村振兴。根据国家出台的《乡村振兴战略规划（2018—2022年）》，总体上按照集聚提升、城郊融合、特色保护、搬迁撤并四大类具体分类推进。

### 一、集聚提升类村庄

#### （一）实施对象及特征

集聚提升类村庄是指现有规模较大的中心村和其他仍将存续的一般村庄，具有较大的发展提升空间。目前我国大多数乡村都属于集聚提升类村庄，是乡村振兴的重点。根据历史沿革、地理区位、经济基础、产业发展情况，又可将该类村庄分为两个小类。一是通过撤乡并村等，由原来的两个及以上村庄合并形成的新村庄，并已发展成为经济强村，具有较好的经济基础，交通区位条件较好，且二三产业已发展形成一定的规模。例如，江苏、浙江等经济发达地区的村庄多属于此种类型。二是产业发展以农业为主，二三产业相对较弱的村庄。

## （二）发展思路与举措

坚持因地制宜，科学确定村庄发展方向，在原有规模基础上有序推进改造提升，激活产业、优化环境、提振人气、增添活力，保护保留乡村风貌，建设宜居宜业的美丽村庄。鼓励发挥自身比较优势，依托田园风光、乡土文化、民俗技艺等独特资源，坚持“一村一品”，强化主导产业支撑，支持农业、工贸、休闲服务等专业化村庄发展，以产业发展促进集聚提升类村庄经济繁荣，实现一二三产业融合发展。

### 1. 在原有规模基础上有序推进改造提升

依托村庄本土资源优势，继续推进现有产业发展，突破现有发展瓶颈，形成产业联动，促进村庄产业功能拓展与业态延伸。

一是针对农业基础条件较好的村庄，重点依托农业资源优势，加快改善农业基础设施条件，发展现代农业。同时，拓展农业功能，发展农产品加工业，延长农业产业链，提升农业附加值，促进村庄产业经济提升，带动村庄功能转型及产业、人口、用地和文化的复兴。

二是针对二三产业发展相对较好的村庄，重点以特殊工艺和手工制造为核心资源，利用加工业的基础优势，带动原材料种植行业发展。同时，配套发展相关生产性服务业，形成完整的产业链条，带动村庄产业转型与升级。

### 2. 同步推进专业化村庄发展

结合村庄发展实际及发展规划，按照“区域调特、规模调大、品种调优、效益调高”的思路，坚持遵循国际国内市场需求导向，科学选择适合自身发展、符合市场需求的特色优势主导产业。充分发挥村庄的资源优势、传统优势和区位优势，通过专业化、标准化、规模化、市场化和品牌化建设，强化主导产业支持，发展农业、工贸、休闲服务等专业化村庄。

一是针对农业基础条件较好的村庄，继续培育壮大现有产业，推进“一村一品”，选择1~2个特色支柱产业，突出培育“独一份”“特别好”“好中优”农产品，形成一批以蔬菜、水果、畜禽及乡村旅游等为主导的花果飘香、畜禽成群、环境优美、农民富裕的专业村。同时，加强品牌建设、认证、保护和宣传，借鉴烟台苹果、和田大枣、永川秀芽等知名品牌，打造具有地域特色的农产品公共品牌，提升农产品知名度和市场竞争力。拓展融资渠道，推行“公司+基地+农户”“合作组织+基地+农户”等发展模式。探索连锁经营、产销直挂、产品配达等新业态，培育农村经纪人和农民专业合作社，实现农产品快速、有序流通。

二是针对二三产业发展相对较好的村庄，鼓励发展农产品加工、贮藏、包装、运输、商品化处理等产业；拓展生态保护、文化传承、休闲观光等农业功能，发展乡村旅游和休闲农业；支持发展电子商务营销，保障特色产品优质优价，实现产业链相加、价值链相乘、供应链相通的“三链重构”，推动主导产业提档升级，实现产业融合发展。

## 二、城郊融合类村庄

### （一）实施对象及特征

城郊融合类村庄是指县城城关镇所在地及城市近郊区的村庄，具备成为城市后花园的优势，也具有向城市转型的条件。实际上，这类村庄已经成为城市的一部分，城市的公共服务和基础设施等也在向这类村庄延伸，具有经济条件较好、基础设施和公共服务设施较为完善、交通便捷、农业集约化规模化经营水平高、土地产出效率高、农民收入水平相对较高等特点。目前农村户口比城市户口更值钱的现象，也主要是出现在这类村庄。

### （二）发展思路与举措

结合工业化、新型城镇化发展，并考虑村庄发展实际，坚持共建共享、融合发展理念，促进城市要素加快向村庄流动、农产品及生态旅游资源加快向城市流动，形成城乡公共服务共建共享、基础设施互联互通、产业融合发展的新局面。同时，注重保留乡村原有的风貌形态，构建现代乡村治理新体系，提升村庄承接城市功能外溢、服务城市发展、满足城市消费需求的能力。

#### 1. 促进城乡产业融合发展

立足城乡融合类村庄的资源禀赋，科学选择具有一定发展基础和发展空间的主导产业，发展特色经济，加强三次产业联动发展，加快村庄产业向城镇产业融合的步伐。

一是合理布局城郊融合类村庄的农业发展空间，着力发展特色优势农业，依托龙头企业、家庭农场、大户等新型农业经营主体，适度发展规模农业，推进农业园区（基地）建设，提升农产品供给质量。

二是鼓励城镇工业生产要素向城郊融合类村庄流动。城郊融合类村庄应以新型城镇化为契机，充分利用连接城乡的区位优势，积极承接城市加工、制造业转移，大力发展以特色优势产业为依托的农产品加工业，延伸农业产业链条，提升农产品附加值。

三是发展农村现代服务业，优化城郊融合类村庄的人口和产业布局，改善农村现代服务产业环境，促进农村服务业标准化、规范化发展，创新“旅游+”“+旅游”模式，推动农旅文商体等产业深度融合，促进乡村旅游产业提档升级，更好地满足城市消费需求。

#### 2. 促进城乡基础设施互联互通

立足城郊融合类村庄的区位优势，大力推进面向“三农”

需求的网状基础设施建设，构建城乡互联互通、安全高效的基础设施网络体系，进一步提升该类型村庄承接城市功能外溢的能力。

一是继续实施“四好农村路”建设工程。重点建设一批旅游路、产业路、便民路，加快形成从城市到乡村、从市场到田头畅通便捷的交通网络体系。同时，探索拓展扩宽乡村路，如配套规划和修建停车场、水电气设施、服务区、加工区、生活区等，解决乡村基础设施建设和公共服务难题，推进创新发展。

二是优化水资源配置。推进重点水源工程建设，着力解决工程性缺水问题。以新建集中式供水工程、管网延伸工程、水质净化与消毒设备配套工程及信息化工程建设为重点，加强农村饮用水网络建设，保障农村生活用水。扎实推进农业节水行动，大力实施高效节水灌溉工程，构建农业灌溉供水网络体系。

三是加强信息网络建设。深入实施数字乡村发展战略，推进光纤、5G 等高速宽带网络延伸覆盖，大力发展农村电子商务，深入推进“移动互联网村”和电子商务进农村示范建设。

四是健全新型农村综合信息服务体系。集聚各类信息服务资源，全面推进信息产品和服务进村入户，弥合城乡信息鸿沟。

五是立足城郊融合类村庄实际，实施农村电网改造升级行动，改造提升现有燃气管网，主动融入城镇管网体系，提高城乡电力、燃气保障均等化水平。

### 3. 促进城乡公共服务共建共享

加快城郊融合类村庄公共服务发展，有利于推进该类村庄经济发展方式转变，提高产品供给的质量，提升服务城市发展的能力。打造城市优质公共服务资源的分散承接区，通过优质公共服务向城郊分散布局，有效治愈当前较为突出的“城市病”。

一是打造城市优质教育资源的分散承接区。推动城市优质学校与村镇中小学校结对帮扶、联建共建，改善原有的义务教育薄弱学校、乡村小规模学校、寄宿制学校基本办学条件，提升其办学水平。同时，积极对接上级部门，争取成为城市优质基础教育资源合理分散布局的承接区域，并以优质中小学师资为支撑，在承接区域建立分校，以有效缓解城市优质教育资源过于集中而带来的交通等压力。

二是推进城郊公共卫生资源合作共享。在围绕建设“健康乡村”改善本地医疗卫生软件硬件的同时，抓住国家大力推进医疗联合体建设的契机，加强与城市大医院等的合作，争取纳入各种形式的医联体，实现农村医疗与城市医院的双向转诊，以更好地优化医疗资源配置，解决百姓看病难、看病贵的问题。

三是打造城郊康养基地。围绕城市后花园的定位，积极提升村庄养老服务能力，探索“公建民营”“民办公助”养老服务发展模式，打造专业化、个性化、便利化的城郊康养基地，既能为农村留守老人提供高质量养老服务，又能满足城市老人的就近养老需求。

## 三、特色保护类村庄

### （一）实施对象及特征

特色保护类村庄是指历史文化名村、传统村落、少数民族特色村寨、特色景观旅游名村等自然历史文化特色资源丰富的村庄，是彰显和传承中华优秀传统文化的重要载体。一般来说，该类型村庄有明显的地理优势，交通出行便捷，有山有水，适宜居住；有相对集中的传统院落，古建筑风格特色突出；还有深厚的人文资源优势，以及重要历史事件和历史名人、非物质文化遗产的传承、民间传说、地方小吃等。同时，该类村庄也面临产业类型较单一，农民生活水平不高，“空心化”现象突出，以及保护重要性认识不够、资金投入不足、规划实施不力等问题。

### （二）发展思路与举措

由于各个村庄的经济、地理情况及村庄特色的表现形式不同，其发展重点和方向也各不相同。因此，该类型村庄要体现差异性，根据不同地区的自然历史文化禀赋，将保护、利用与发展相结合，保护村庄的传统地址、格局、风貌、自然和田园景观等整体空间形态，以及文物古迹、历史建筑、传统民居等传统建筑基础，尊重原住居民生活形态和传统习惯，改善村庄基础设施和公共环境，合理利用村庄特色资源，发展乡村旅游和特色产业，实现村庄特色保护与村庄发展良性互促，打造有地域风貌、文化脉络、历史记忆、民族特点的特色村庄。

#### 1. 坚持保护、利用与发展并重

随着乡村振兴战略的加快实施，农民生活水平不断提高，对物质和精神文化的需求也随之发生变化，从而对村庄的发展和特色保护提出了新的要求。村庄的保护应集中体现在确保村庄的完整性、真实性和延续性，而村庄特色的延续和保护又是村庄发展的基础。同时，村庄发展也能赋予村庄更丰富的内涵，使村庄的特色更加富有生命力。因此，应积极探索该类村庄保护、利用与发展管理机制创新。

一是强化村庄规划设计引导，保护和塑造特色风貌。根据村庄自身条件和发展需要，在原有村庄格局、形态肌理的基础上，注重村庄详细规划，遵循村庄自然演变规律，尊重农民生产生活习惯和乡风民俗；积极构建村庄点上出色、线上出彩、面上出新的绿色发展新格局，培育一批自然环境优美、人文特色鲜明、建筑风貌协调、适宜产业壮大的特色美丽村庄，促进整体风貌改善。

二是挖掘利用文化旅游资源，传承展示村庄特色。大力发展

文化旅游产业，积极发展运动、养老、民宿、文创等经济业态，提高农民收入水平。深度挖掘历史文化内涵，积极开展村庄物质和非物质文化遗产普查登记。积极举办各类文化节庆活动，加强文化传承，开展文化展示活动，让游客在休闲观光中体会到特色文化、生活习俗等的乐趣。

### 2. 改善村庄基础设施和公共环境

特色保护类村庄的发展离不开良好的基础配套设施和环境。

一是积极提升农村基础设施建设水平。推进镇村道路提档升级，改善村庄内部交通条件，提升道路通达水平；完善农村交通配套设施，在主要村口、路口增设村标、路标，结合村庄总体布局、绿化建设，增加停车场地，满足村民和游客日益增长的停车需求。

二是加快优化农村生态环境。按照城区环境卫生管理的模式进行村庄环境卫生建设，加大村庄垃圾收运处理设施和污水处理投入，探索城乡环卫设施资源共享；以治脏、治乱、治污为重点，加强农民房前屋后环境整治，引导鼓励村民共同维护村庄环境；推动农村生活垃圾分类处置，提升垃圾减量化、无害化、资源化处理水平；围绕垃圾收运、道路修护、绿化养护、河道管护、公共设施维护等建设，建立健全长效机制，实现由“以建为主”向“建管结合”的转变，同时探索引入市场机制，培育市场化的专业管护队伍。

## 四、搬迁撤并类村庄

### （一）实施对象及特征

搬迁撤并类村庄主要包括三大类，即位于生存条件恶劣、生态环境脆弱、自然灾害频发等地区的村庄，因重大项目建设需要搬迁的村庄，人口流失特别严重的村庄。第一类基本上属于不适宜居住和进行农业生产的地区，这些地区居住条件差、基础设施落后、发展潜力有限，主要分布在山区。至于人口大量流失导致出现空心化的村庄，虽然土地条件相对来说不算特别好，但土地、耕地还可以用，这类村庄的生产功能可以保留，土地可以进一步集中以发展现代农业，人口可以往集聚提升类村庄集中。

### （二）发展思路与举措

按照“搬得下、稳得住、富得起”的总体要求，坚持“政府引导、农民主体、市场运作”的原则，立足集镇与中心村建设，按照“内聚外迁、梯度转移”方式，采取整体搬迁与零星搬迁相结合、集中安置与分散安置相结合、保留原有生产资料与推进土地山林规模流转相结合的办法组织实施，力争让符合搬迁条件的农户基本实现愿搬尽搬。同时，着力加快安置区产业发展，拓宽群众增收渠道，推进迁出区土地整治和生态修复，保护生态环境，促进乡村振兴。

#### 1. 坚持集中安置和分散安置相结合

统筹考虑水土资源条件、贫困人口分布及搬迁对象意愿，结合新型城镇化、工业园区建设、城镇保障性安居工程和美丽乡村建设，重点向靠近交通要道的中心村、移民新村、小城镇、工业园区及乡村旅游区等适度集中安置，引导搬迁群众通过进城务工、投靠亲友等方式分散安置。

#### 2. 加快推进安置区产业发展

根据安置区资源禀赋、环境承载情况，紧密结合新型城镇化和美丽乡村建设，培育发展特色优势产业，鼓励搬迁户流转承包地、林地经营权，促进乡村发展规模经营。坚持区域特色主导产业发展与就业增收相结合，坚持产业发展长短结合、种养结合，不断增强脱贫的稳定性和可持续性。优先安排搬迁贫困户开展适应性技能培训，提高就业能力，拓宽搬迁对象增收渠道。支持搬迁安置区发展物业经济、社区经济等业态，增加搬迁户收入。

### 3. 推进迁出区土地整治和生态修复

通过平整土地、改良土壤等方式，实施迁出区基本农田改造。深入开展迁出区宅基地复垦工作，增加有效耕地面积。加强迁出区生态修复，与退耕还林还湿、天然林保护、地质灾害防治、生态环境综合治理等工程相结合，确保迁出区水土流失得到有效治理，林草植被覆盖率显著提高，生态环境明显改善。

## 第二节　乡村道路规划

### 一、乡村道路系统规划

### （一）乡村道路标准

进出村主道作为村中通往外界的主要通道，往返行人和车辆较多，要求路面有足够的宽度、较强的路面承载能力，路旁要设有排水沟。通常平曲线最小半径不宜小于 30 米，最小纵坡不宜小于 0.3%，应控制在 0.3%~3.5%。当道路宽度小于 4.5 米时，可结合地形分别在两侧间隔设置错车道，宽度 1.5~3.0 米，其间距宜为 150~300 米。

主要道路路面宽度不宜小于 4 米，次要道路路面宽度不宜小于 2.5 米，宅前路及游步道路面宽度宜为 1~2 米，不宜大于 2.5 米。平曲线最小半径不宜小于 6 米，最小纵坡不宜小于 0.3%，山区特殊路段纵坡度大于 3.5%时，宜采取相应的防滑措施。若车道下需铺设管线，其最小覆土厚度要求为 0.7 米，如有景观等特殊要求，可适当提高标准。乡村道路布局中，应考虑桥梁两端与道路衔接线形顺畅，行人密集的桥梁宜设人行道，且宽度不宜小于 0.75 米。

乡村道路横坡宜采用双面坡形式，宽度小于 3 米的窄路面可以采用单面坡，坡度应控制在 1%～3%：纵坡度大时取低值，纵坡度小时取高值；干旱地区乡村取低值，多雨地区乡村取高值，严寒积雪地区乡村取低值。

乡村道路标高宜低于两侧建筑场地标高，路基路面排水应充分利用地形，乡村道路可利用道路纵坡自然排水。

### （二）乡村道路走向及线形

乡村道路走向应当是有利于创造良好的通风条件，同时为道路两侧的建筑创造良好的日照条件。道路路网的布置要与交通需求、建筑、风景点等相结合。

道路布局应顺应自然环境（地形、风向等），尊重乡村传统道路格局，结合不同功能需求进行规划，提倡景观化、生态化的设计。设计中通过采用一些转弯道路、最小化直线道路的距离等措施降低车行速度，创造舒适的居住环境，如邻水的道路与水岸线结合，精心打造河岸景观，使其既是街道，又是游览休憩的地方。

地形起伏较大的乡村，道路走向应与等高线接近平行或斜交布置，避免道路垂直切割等高线。当地面自然坡度较高时，可采用“之”字形布置，为避免行人行走距离远，在道路上盘旋，可与等高线垂直修建梯道。道路规划布置时，就算增加道路的长度也要尽可能绕过地理条件不好、难以施工的地段，这样不仅可以减小工期、节约资金，同时能够使道路平缓安全。地形较为平坦的乡村，更多的是要考虑避开不良地质与水文条件的地点。

### （三）道路路网密度

一定程度上，道路网的密度越大，交通联系就越便利；但是密度过大会增加交叉口的数量，影响通行能力，可能会造成交通拥堵的状况，同时也会增加资金的投入，不利于乡村道路建设。

道路路网布置需考虑交通便利，村民步行不会绕远路，交叉口间距不宜太短，避免交叉口过密的问题。按村庄的不同层次与规模分别采取不同等级的道路，如中心村应采用三级和四级道路，大型中心村可采用二级道路，大型基层村应设三级与四级道路。实际规划中，道路间距应结合现状、地形环境来布置，不应机械地按规定布置。特别是山区道路网密度更应该因地制宜，其间距可考虑在 150～500 米，为提升旅游特色和村镇交通便捷度以及可达性，要求特色乡村的主要车行道路网能够半小时内到达相邻村庄。

道路网密度一般从乡村中心向近郊地区，从建成区到新区逐渐降低，建成区密度较大，近郊区及新区较低，以适应村民出行流量及流向分布变化的规律。

### （四）道路路网形式

在规划道路网时，道路网节点上相交的道路条数，不得超过 5 条；道路垂直相交的最小夹角不应小于 45°。道路网形式一般为方格网式、环形放射式、自由式和混合式 4 类。

#### 1. 方格网式

方格网式又称棋盘式，是道路网中最常见的一种结构形式，它是由两组互相垂直的平行道路组成方格网状的道路系统。优点：布局整齐，利于建筑物布置，易于识别方向，交通组织简单。缺点：对角线方向绕行距离长，增加了车辆行程。方格网式道路网适用于地形简单、较为平坦的乡村。

#### 2. 环形放射式

环形放射式一般是由若干条放射线和若干条环行线组成的。优点：对内对外交通联系便捷。缺点：容易把车流导向中心区，造成中心区交通压力过大。环形放射式道路网适用于规模较大的乡村。

#### 3. 自由式

自由式是以结合地形为主，路线弯曲，无一定的几何图形。优点：能充分利用地形节省投资。缺点：影响建筑物的布置，不易识别方向。自由式道路网适用于山区、丘陵等地形复杂地区。

#### 4. 混合式

混合式是上述3种形式的道路混合构成的道路系统，是一种扬长避短，较为合理的形式。混合式道路网适用于各种地形的乡村。

### （五）道路断面设计

道路断面设计主要对车行道宽度进行控制，根据道路功能、地形环境等灵活确定道路红线宽度。乡村道路提倡一块板混合断面形式，也可采用不等高、不对称的断面形式，市政管线宜设置在人行道或两侧绿化带内。

### （六）道路铺装

道路铺装对于乡村建设中更好地继承和发扬传统的乡土文化，改善乡村生态景观环境，提升乡村文化品位和促进农村生态经济协调发展起着不可忽视的作用。乡村道路可根据当地特点，因地制宜地选取材料进行硬化。主要道路路面宜采用沥青混凝土路面、水泥混凝土路面、块石路面等形式，平原区排水困难或多雨地区的村庄，宜采用水泥混凝土或块石路面。次要道路路面铺装宜采用沥青混凝土路面、水泥混凝土路面、块石路面及预制混凝土方砖路面等形式。游步道及宅间路路面铺装宜采用水泥混凝土路面、石材路面、预制混凝土方砖路面、无机结合料稳定路面及其他适合的地方材料。

## 二、乡村道路设施规划

### （一）乡村道路景观

乡村道路不仅具有交通运输、连接内外道路的功能，而且对于乡村景观的形成有着不容忽视的作用。乡村道路两侧绿化应尽量选用本地树种，体现地方特色的同时注意植物的搭配，一般采用高大的植物与低矮的植物搭配的方法，这样能够呈现由低到高多样的植物景观层次，同时也能够丰富道路景观，改善乡村道路品质。

乡村道路路堤边坡坡面应采取适当形式进行防护，宜采用浆砌片石护坡、干砌片石护坡及植草砖护坡等多种形式。

道路设计应充分考虑功能与景观的结合，过长的道路会使人感觉枯燥厌烦，在适当的地点布置广场、小花园、喷泉、休闲亭等，情况则会得到有效改善。道路线条的曲折起伏，两侧建筑的高低错落布置，层次丰富的道路绿化与自然景观、历史文化景观等相融合，能形成舒适、美观的乡村景观。

### （二）停车场

乡村停车场应结合当地社会经济发展情况酌情布置，应考虑配置农用车辆停放场所。停车场的出入口应有良好的视野，机动车停车场车位指标大于 50 个时，出入口不得少于 2 个，出入口之间的净距不得小于 7 米。根据相关规定，设计停车位时应以占地面积小、疏散方便、保证安全为原则，合理、灵活地为将来可能的汽车数量的增长预留空间。乡村公共停车场场地铺装宜使用透水砖、嵌草砖等渗透性良好的材料，即布置生态停车场。

### （三）公交车站点

乡村发展到一定程度，在考虑到经济等各方面的条件下，可纳入公交服务系统，设置公交车停靠站点。例如，在以旅游业为主体产业的乡村设置首末公交站点各一个，不过分追求设置多个站点，既要方便交通运输服务，又不会造成资源浪费。

### (四) 交通信号、标志、标线

交通信号是指挥行人、车辆前进、停止、转弯的特定信号，各种信号都有各自的表示方式，其作用在于对道路各方的车辆科学地分配行驶权利，在时间上将相互冲突的交通流分离，使车辆安全、有序地通行，减少交通拥堵。交通信号灯主要布置在城市或者交通状况复杂的地点，乡村道路系统中，因乡村交通相对简单，交通信号布置极为少见。

道路交通标志是用图形、文字、符号、颜色向交通参与者传递的信息，为道路使用者及时提供道路有关情况的无声语言，用于管理交通设施。标志的设置距离、版面大小、设置位置应根据当地习惯、行车速度来设计。乡村标志的设置应贯彻简洁、实用、美观、实事求是的原则，并适当进行简化。

道路交通标线是由道路路面上的线条、箭头、文字、路边线轮廓等构成的交通安全设施，其作用在于管制和引导交通，可与交通标志配合使用，也可单独使用。

乡村道路建设中，交通信号灯、标志与标线都较为缺失，在重新规划的过程中，需严格遵循国家标准，设置标志与标线合理引导乡村交通。乡村的道路在通过学校、集市、商店等行人较多的路段时，应设置限制速度、注意行人等标志及减速坎、减速丘等减速设施，并配合划定人行横道线，也可设置其他交通设施。

### (五) 护栏

公路穿越乡村时，村落入口应设置标志，道路两侧应设置宅路分离挡墙、护栏等防护设施。乡村道路有滨河路及路侧地形陡峭等危险路段时，应设置护栏标志路界，对行驶车辆起到警示和保护作用。护栏可采用垛式、墙式及栏式等多种形式。

## 第三节　乡村景观环境规划

### 一、景观要素的分类

#### （一）植物景观

观形植物：有圆柱形、圆锥形、球形、伞形、垂枝形、特殊形。例如，松柏能向上引导视觉，给人以高耸的感觉；垂丝海棠常种植于湖边随风而摆，宜动宜静。

观色植物：有常色植物、季色植物、干枝色植物。例如，香樟树的树叶不随季节改变；银杏春秋能呈现出不同色彩；梧桐的干枝色彩具有特殊性。

观花植物：有的花色艳丽，有的花朵硕大，有的花形奇异，并具香气。例如，牡丹在开花的时候能够以其艳丽的色彩吸引眼球。

观果植物：主要观赏植物的果实。其中，有的色彩鲜艳，有的形状奇特，有的香气浓郁，有的着果丰硕，有的则兼具多种观赏性能。例如，柚子在秋季成熟时，果实呈黄色、球形，并且散发着特有的香气。

#### （二）山水景观

山得水而活，水得山而媚，因山而峻，因水而秀，打造山水景观可以运用保持景观连贯性、动静结合、多视角结合等方式。在我国有一种特有的山水文化，“知者乐水，仁者乐山”这种山水观反映了中国传统的道德感悟，实际上是引导人们通过对山水的真切体验，把山水比作一种精神，去反思仁、智这类社会品格的意蕴。

### （三）其他景观

其他景观主要包括建筑景观、道路景观、人文景观、设施设备景观等。许多乡村内部建筑已经破损严重或消失，卫生条件不佳，基础设施落后，经济发展严重滞后，面临着亟待改造的问题。建筑、道路、人文等景观规划作为乡村规划设计的基本构成要素，对于传统风貌的延续、历史文化的继承、乡村特色的体现都具有重要的意义和价值。

## 二、乡村景观环境规划的原则

与周围环境结合。乡村景观规划应结合当地的环境，尽可能减少对当地环境的破坏，使规划的景观与现状景观形成一个有机的整体。乡村景观规划不仅突出对自然环境的保护，而且突出对环境的创造性保护，还突出景观的视觉美化和环境体验的适宜性。

与其他功能用地结合。规划的各个功能用地需统筹安排，不同功能用地服务于自身功能要求，同时不同功能用地之间也可相互协调、相互融合。

与当地产业结合。景观规划不是以一个独立的个体存在，它是服务于整个乡村规划，服务于整个乡村发展战略的，因此，景观规划需要考虑到当地的产业布局、发展等因素。

## 三、乡村景观环境规划的布置形式

### （一）景观的形态

点状景观。点状景观指一些零星的、体量较小的景观。点景是相对于整个环境而言的，其特点是景观空间尺度较小，且主体元素突出，易被人感知与把握。一般包括住区的小花园、乡村入口标志、雕塑、十字路口等。

线状景观。线状景观指呈线形排布的一些景观要素，主要包括村庄中的主要交通干道，特色景观街道及沿水岸的滨水休闲绿地等。

面状景观。面状景观主要指尺度较大、空间形态较丰富，通常是由多种景观形态组成的景观类型。乡村生态园、铺砖广场、部分功能区，甚至整个村庄都可作为一个整体面状景观进行统筹综合设计。

### （二）村庄景观规划的布局形式

线形布局。以直线、曲线的线形进行景观布置，例如，行道树、灌木丛等。

环形布局。在用地四周形成环状隔离带，保持内部与外部空间上的相互渗透、功能上的相互隔离。

放射性布局。以放射状向外辐射，这样的布局方式可突出中心，并向外层扩散与渗透。

## 四、乡村景观环境规划的常见类型

### （一）边坡景观规划

边坡绿化的类型有：模块式，即利用模块化构建种植植物以实现墙面绿化；铺贴式，即在墙面直接铺贴植物生长基质或模板，形成一个墙面种植平面系统；攀爬或垂吊式，即在墙面上种植攀爬或垂吊的藤本植物，如爬山虎、络石、常春藤等；摆花式，即在不锈钢、钢筋混凝土或其他材料做成的垂面中安装垂面绿化；板槽式，即在墙面上按一定距离安装“V”形板槽，在板槽内填装轻质的种植基质，再在基质上种植各种植物。

### （二）滨水景观规划

受现代人文主义影响的现代滨水景观设计更多地考虑了“人与生俱来的亲水特性”。以前，人们害怕接近水，因而建造的堤岸总是又高、又厚，将人与水远远隔开；而科学技术发展到今天，人们已经能较好地控制水的四季涨落特性，因而亲水性设计成为可能。滨水景观规划一般采用3种不同的处理手法：一是亲水木平台；二是搭建在池塘中的木栈桥河廊道；三是种植亲水植物作为过渡区。这样达到了不管四季水面涨涨落落，人们总能触水、戏水、玩水的效果。

### （三）住区景观规划

住区景观规划与城市居住区规划不同：它的体量较小，多为多层建筑，结构常用砌体结构。住区景观在总体布局上依山而建、傍水而居，周围具有良好的自然环境，因此，与环境之间的相互融合是规划当中的重点。在建筑风貌上，需要考虑当地的地域文化与人文环境，进行综合规划与设计。

### （四）生态园景观规划

生态园景观规划主要考虑的是休闲与度假的功能，围绕此核心功能，打造观光、体验性质的农业生态园。一方面作为当地村民生态农业研发创新的孵化基地；另一方面吸引外来游客观赏农业风光，体验农业生产。

### （五）街道景观规划

街道属于线性视觉空间，景观的连续性和延伸性、节奏性和律动性等是街道景观规划应注意的主要问题。同时要善于运用街道的地理景观，如升坡、降坡、流曲、转折、陡崖、堤岸、岔路口、聚集点等处的地貌特征，增加街道的景观特色。乡村街道的景观规划需要考虑村民的生活习惯、乡风民俗，在保持乡村自然和人文环境的基础上，打造具有特色的乡村街道风貌。

# 第三章 整治乡村环境

## 第一节 生活污水处理

### 一、农村生活污水的概念和特点

农村生活污水是指居民生活过程中所排放的污水，主要来源有粪尿、洁具冲洗、洗浴、洗衣、厨房用水、房间清洁用水。

农村生活污水具有下列特点。

（1）来源广泛。农村生活污水包括冲厕水、洗涤水、洗浴水和厨房排水等。

（2）难以收集。农村居民居住分布广泛且较为分散，造成污水分散排放，多数村庄无污水排放管网，污水收集率低，以直接排放为主，污水沿道路边沟或路面排放至就近的水体。

（3）排放量大。随着城镇化进程加快，农村常住人口逐年减少，虽然农村生活污水排放量呈现降低趋势，但排放量依然非常巨大。

（4）处理率低。我国农村污水处理率较低。大量农村生活污水未经处理排出，已成为农村湖泊和河流富营养化等环境污染的主要原因之一。

（5）产生量区域差异大。我国各地区农村生活用水量和排水量差异显著，呈现经济发达地区高于经济落后地区，南方地区高于北方地区的趋势。

## 二、农村污水处理的必要性

### （一）缓解水资源短缺的需要

当前，我国农村地区，特别是北方农村地区面临水资源缺乏的问题，农村生活污水的随意排放造成了水资源的浪费，需要利用技术手段处理农村生活污水，实现水资源的循环利用，有效缓解水资源短缺的需求。

### （二）改善农村生态环境的需要

随着农村居民生活水平的不断提升，农村污水排放量日益增加。目前，我国农村环境卫生设施配备不足，农民环保意识不强，农村环境卫生状况较差，应加强农村生活污水处理，完善相应配套设施，改善农村卫生环境，为农村的生活营造更为健康和谐的生态环境。

### （三）实施乡村振兴战略的必然之举

农村生产环境、生活环境和生活质量的改善和提高，既有利于农村乡风文明、治理有效、生活富裕的实现，又有利于农民生活质量的提升。加强对农村生活污水的处理，是产业兴旺、生态宜居的重要环节，需引起相关部门的高度重视。

## 三、农村生活污水处理模式

### （一）城乡统一处理模式

城乡统一处理方式是指邻近市区或城镇可铺设污水管网的村落，当污水收集后接入邻近的市政污水管网，由城镇污水处理厂统一处理。该方式在村庄附近无需就地建设污水处理站，具有较高的经济性。但对村落条件要求高，适用于两种类型的村庄：一是村落内市政污水管道直接穿过；二是生活污水可依靠重力流直接流入市政污水管网，且距离市政污水管网 5 千米内的城市近郊村庄。有些学者认为，在合理的条件下城乡统一处理最具经济性，农村生活污水处理应按照“集中收集污水接入城镇污水管网处理—集中收集污水就地处理—分散处理”的次序进行选择。相比于其他模式，城乡统一处理的优势在于处理效果最具保证，水量水质变化对工程影响小，工程生命周期长，管护方便等，但是一旦村庄距离的市政管网较远或是村庄人口较少，城乡统一处理将产生很高的管道建设费用从而不经济，使这种模式仅局限于距离市政污水管道较近的农村地区。

### （二）村落集中处理模式

村落集中处理模式针对村庄农户居住集中、全部或部分具备管网铺设条件的村落，也是我国农村生活污水处理中普遍应用的方式，通过在村庄附近建设一处农村生活污水处理设施，将村庄内全部污水集中收集输送至此就地处理。就我国广大农村区域而言，某些村落生活污水无法集中纳入市政管网，村落之间呈连片或独立分散分布，地势平坦，人口居住较为集中，该方式能够满足现阶段大部分需要建设处理工程的村落特征，成为当前国内外处理生活污水的新理念。该模式需要一定的基建费用以及日常维护工作，适用于距离城市管网较远的农村居民集中居住地和居民小区生活污水的收集和处理。

### （三）农户分散处理模式

农户分散处理模式主要针对于当前无法集中铺设管网或集中收集处理的村落，在这种情况下对污水处理有两种方式。一是在农户自身庭院内建设污水处理设施或采用移动污水处理车进行污水处理，从而达到净化水质的目的。这种处理方式适用于居住较为分散的山区，由于农户居住分布较远，管网建设费用较高，加上村落规模较小，仅由几户构成，且邻近没有污水处理站。二是运用污水运输车将农户污水统一输送至就近污水处理站。这种方式适合在农户居住附近具有污水处理站，虽然无法铺设管网，但是可联合其他农户集中处理污水。

## 四、农村生活污水处理技术

### （一）化粪池技术

化粪池是一种利用沉淀和厌氧微生物发酵的原理，以去除生活污水中悬浮物、有机物和病原微生物为主要目标的小型污水初级处理构筑物。化粪池技术是农村最普遍的一种分散污水处理技术（初级处理）。

化粪池可作为临时性或简易的排水措施，亦可用作污水处理系统的预处理设施，对截流和沉淀污水中的大颗粒杂质，防止污水管道堵塞，减少管道埋深起到积极作用。同时，池底沉积的污泥可用作有机肥。

### （二）沼气池技术

农村沼气池技术是以农作物秸秆、人畜粪便、农村生活污水等为发酵原料，在一定温度、湿度、酸碱度及厌氧发酵条件下，通过微生物作用将有机物质（碳水化合物、脂肪、蛋白质等）消化分解，生成沼气、沼液和沼渣的过程，达到污水净化，资源化利用的目的。

### （三）土地渗滤处理系统

土地渗滤处理系统是一种经过人工强化的污水生态工程处理技术，它充分利用在地表下面的土壤中栖息的土壤动物、土壤微生物、植物根系以及土壤所具有的物理、化学特性将污水净化，属于小型的污水土地处理系统。

### （四）人工湿地处理技术

人工湿地是在一定长、宽比及底面具有坡度的洼地中，填装砾石、沸石、钢渣、细沙等基质混合组成基质床，床体表面种植成活率高、吸收氮磷效率高的芦苇等水生植物，污水在基质缝隙或者床体表面流动的、具有净化污水功能的人工生态系统。

#### （五）污水生物处理技术

污水生物处理过程是指利用微生物的新陈代谢把污水中存在的各种溶解态或胶体状态的有机污染物转化为稳定的无害化物质。按照污水处理生物反应器中微生物的生长状态，污水生物处理技术可分为以活性污泥为代表的悬浮生长工艺和以生物膜法为代表的附着生长工艺。

## 第二节　生活垃圾处理

### 一、农村生活垃圾的概念和特点

农村生活垃圾是指生活在乡、镇（城关镇除外）、村、屯的农村居民在日常生活中或在为日常生活提供服务的活动中产生的固体废物，以及法律、行政法规规定视为生活垃圾的固体废物。按照《中华人民共和国固体废物污染环境防治法》的规定，固体废物，是指在生产、生活和其他活动中产生的丧失原有利用价值或者虽未丧失利用价值但被抛弃或者放弃的固态、半固态和置于容器中的气态的物品、物质以及法律、行政法规规定纳入固体废物管理的物品、物质。

我国广大农村地区生活垃圾的产生受自然、社会、经济以及其他因素的影响，其分布呈现出极为分散、不易收集的特点。

### 二、农村生活垃圾的来源和去向

农村生活垃圾来源主要有：餐饮、日常用品消费产生的包装和残余物，淘汰的生活用品和农业生产所产生的废弃物。

目前我国农村生活垃圾的主要去向有两种：一是混合收集、统一清运、集中处理；二是简单转移填埋、临时堆放焚烧和随意倾倒。

## 三、农村生活垃圾的危害

目前我国农村生活垃圾主要倾倒地点是“六边”：路边、河边、村边、田边、塘边、屋边，严重破坏了农村的生态环境，危害了广大村民的身体健康。

### （一）对水体的危害

农村生活垃圾对水体的污染包括直接污染和间接污染，生活垃圾经雨水冲刷后，可溶解出有害成分，污染水质，毒害生物，破坏农村生态环境。

### （二）对土壤的危害

农村生活垃圾露天堆放，不仅会占用土地资源，有毒垃圾还会通过食物链影响人体健康。另外，垃圾渗出液还会改变土壤成分和结构，使土壤的保肥、保水能力大大下降，被严重污染的土壤甚至无法耕种。

### （三）对大气的危害

农村生活垃圾在运输和堆放过程中会产生恶臭，向大气中释放出大量的氨和硫化物等污染物，加重农村大气环境的温室效应。此外，生活垃圾在焚烧过程中会产生大量的有害气体和粉尘，不但会导致空气能见度降低，还会影响人体健康。

### （四）对人体的危害

农村生活垃圾若处理不当，会引起呼吸道疾病，降低人体免疫力，传播疾病，引起急性或慢性中毒，甚至诱发癌症。

## 四、农村生活垃圾的收集

我国农村生活垃圾收集方式主要分为混合收集和分类收集。但在部分经济一般或不发达的农村地区，由于乡镇政府和村民委员会无力负担高额的环卫设施建设和清运处理费用，仍处于粗放的无序管理状态。

### （一）收集方式

农村生活垃圾收集方式可分为定时收集和不定时收集，我国目前采用的是不定时收集。

### （二）收集设施

收集设施主要有：垃圾坑/堆、垃圾收集容器（垃圾桶、垃圾箱、垃圾池、垃圾房）、垃圾收集车（手推车、人力三轮车和机动三轮车等）。

## 五、农村生活垃圾的运输和转运

### （一）运输和转运主要设施

生活垃圾运输和转运的主要设施有：垃圾运输车包括改装汽车、垃圾收集车；垃圾中转站包括压缩式转运和非压缩式转运。

非压缩式转运避免垃圾收集及转运站产生大量的渗滤液，但不能实现垃圾转运前的减容，不便于运输；而压缩式转运减少了垃圾中的水分，实现了垃圾的减容，便于运输，但压缩过程产生的渗滤液需进行达标排放处理。

### （二）生活垃圾运输和转运存在的问题

生活垃圾运输和转运主要存在以下 6 个问题：一是生活垃圾随意投放；二是收运设备匮乏，建设标准低；三是收集和转运设施规划不合理；四是收运设备设计不合理；五是收运模式尚需探索；六是缺乏长效运行机制。

### （三）生活垃圾运输和转运的影响因素

生活垃圾收运方式的主要影响因素包括：垃圾收集密度、收运经济性、环境影响、处置设施选址和农村居民意愿。

## 六、农村生活垃圾处理技术

### （一）卫生填埋技术

卫生填埋是指利用工程手段，采取有效技术措施，防止渗滤液及有害气体对水体和大气的污染，并将垃圾压实减容至最小，且在每天操作结束或每隔一定时间用覆盖材料覆盖，使整个过程对公共卫生安全及环境均无危害的一种填埋处理方法。

### （二）垃圾焚烧技术

焚烧技术是目前生活垃圾处理的有效途径之一，是指将垃圾作为固体燃料送入垃圾焚烧炉中，生活垃圾中可燃成分在800~1 200℃的高温下氧化、热解而被破坏，转化为高温的燃烧气和少量性质稳定的固体废渣的一种技术。

### （三）垃圾堆肥处理技术

垃圾堆肥处理是指在控制条件下，通过细菌、真菌、蠕虫和其他生物体使有机垃圾从固态有机物向腐殖质转化，最后达到腐熟稳定、成为有机肥料的过程，这个过程一般伴随有微生物生长、繁殖、消亡和种群演替等现象。

采用堆肥技术处理生活垃圾时，是利用氧气的一种分解过程。该过程一般是在有氧和有水的情况下，对生活垃圾进行分解，它的分解过程可以简单表示为：有机物质+好氧菌+氧气+水→二氧化碳+水（蒸汽状态）+硝酸盐+硫酸盐+氧化物。从这个过程可以看出，垃圾堆肥是需要消耗氧气的。

### （四）厌氧消化处理技术

厌氧消化处理技术是指以农村有机生活垃圾作为主要原料，

使其在严格的厌氧条件下经过水解、酸化、产氢产乙酸、产甲烷4个阶段，以沼气作为最终产物的一种技术。

### （五）其他垃圾处理新技术

#### 1. 蚯蚓堆肥技术

蚯蚓堆肥技术是指在微生物的协同作用下，利用蚯蚓本身活跃的代谢系统将垃圾废料分解转化，形成可以利用的土地肥料。使用的蚯蚓主要有正蚓科和巨蚓科的几个属种。该技术成本低、成效高，废物可再利用，有助于丰富资源。采用这一技术时，在完成垃圾处理的同时，还可将蚯蚓作为科研产物进行研究，挖掘更好的用途。该技术有一定的科技含量，在正确的指导下能推广利用。

#### 2. 垃圾衍生燃料技术

垃圾衍生燃料技术是指对垃圾进行破碎筛选得到以可燃物为主体的废物，或者将这些可燃物进一步粉碎、干燥制成固体燃料。该技术有许多优点，如由于粉碎混合均匀，燃烧完全，热值大，燃烧均匀，燃烧产生的有害气体和固体烟雾少。在南、北方地区，农村生活垃圾都可以进行能源生产、发电供暖等。但采用这种技术时，燃烧会产生温室气体和一氧化碳，所以有应用前景，但需要进行改进研究。

#### 3. 气化熔融处理技术

气化熔融处理技术将生活垃圾在600℃的高温下热解气化和灰渣在1 300℃以上熔融这两个过程有机结合。农村生活垃圾热解后可产生可燃的气体能源，垃圾中未氧化的金属可以回收。热分解气体燃烧时空气系数较低，能大大降低排烟量，提高能源利用率，减少氮氧化物的排放。这种技术可最大限度地进行垃圾减量、减容，具有处理彻底的优点。但是，该技术能源消耗量大，需要组织集中处理，因此，在农村推广使用不太现实，需要政府提供资金支持。

#### 4. 高温高压湿解技术

农村生活垃圾高温高压湿解是在湿解反应器内，对农村生活垃圾中的可降解有机质用温度为433～443开尔文、压力为0.6～0.8兆帕的蒸汽处理2小时后，用喷射阀在20秒内排除物料，同时破碎粗大物料并闪蒸蒸汽，再用脱水机进行液固分离。湿解液富含黄腐酸，可用于制造液体肥料或颗粒肥料。脱水后的湿物料可用干燥机进行烘干到水分小于20%，过筛，粗物料再进行粉碎。高温高压湿解的固形物质可作为制造有机肥的基料，湿解基料富含黄腐酸。高温高压湿解法处理农村生活垃圾由垃圾分选系统、垃圾水解系统、垃圾焚烧系统、制肥自动控制系统组成，具有垃圾分选效果好、运行成本低、有机物利用率高、无需添加酸性催化剂、避免了对环境产生二次污染等优点。这说明了高温高压湿解法处理农村生活垃圾具有可行性。

#### 5. 太阳能–生物集成技术

该技术是利用生活垃圾中的食物性垃圾自身携带菌种或外加菌种进行消化反应，应用太阳能作为消化反应过程中所需的能量来源，对食物性垃圾进行卫生、无害化生物处理。在处理过程中利用垃圾本身所产生的液体调节处理体的含水率，不但能够强化厌氧生物量，而且能够为处理体提供充足的营养，从而加速处理体的稳定，在处理过程中产生的臭气可经脱臭后排放。当阴雨天或外界气温较低时，它能依靠消化反应过程中产生的能量来维持生物反应的正常进行。

## 第三节　畜禽粪便无害化处理与利用

### 一、畜禽粪便肥料化利用技术

#### （一）直接施肥

该模式的核心是将养殖业产生的畜禽粪便，直接排放到农田，经过在农田的自然堆沤，为农田提供有机质、氮磷钾等养分，用于农田作物的生长发育。通过畜禽粪便缓慢的自然发酵转变为有机肥，将种植业和养殖业有机结合，达到物质和能量在种植业和养殖业之间循环流通的目的。此种模式将畜禽养殖排出的粪便不经任何处理直接用作肥料施入田间，无须专门的设备，节省了费用，省去了粪便处理的时间。然而畜禽粪便不做任何处理直接用作肥料，存在许多缺点。

（1）传染病虫害。畜禽粪便中含有大量的大肠杆菌、线虫等有碍健康的微生物，直接施用会导致病虫害的传播，使作物发病，对人体健康产生坏的影响；未腐熟有机物质中还含有植物病虫害的侵染源。施入土壤后会导致植物病虫害的发生。

（2）发酵烧苗。未发酵的粪便施入地里后，当发酵条件具备时，在微生物的活动下，生粪发酵，当发酵部位距植物根部较近或作物植株较小时，发酵产生的热量会影响作物生长，严重时会导致植株死亡。

（3）毒气危害。生粪在分解过程中产生甲烷、氨等有害气体，使土壤中作物产生酸害和根系损伤。

（4）土壤缺氧。有机物质在分解过程中消耗土壤中的氧气，使土壤暂时性地处于缺氧状态，在这种缺氧状态下，会使作物生长受到抑制。

（5）肥效缓慢。未发酵腐熟的有机肥料中养分多为有机态或缓效态，不能被作物直接吸收利用。只有分解转化成速效态才能被作物吸收利用，所以未发酵直接施用会使肥效减慢。

（6）污染环境。养殖场采用直接施用方式消纳粪便，在农作物施肥高峰时粪便还可处理掉；施肥淡季，粪便无人问津，只好任凭堆积，风吹雨淋，肥效流失，污染环境。

（7）运输不便。未经处理直接使用，粪便体积大，有效性低，运输不便，使用不方便。

为了防止畜禽粪便引起的环境问题，提高施肥效果，要求粪便必须处理后才允许施入农田。随着人们环保意识的增强，以及施肥规范的完善，应强制要求畜禽粪便必须腐熟后才能施用。

### （二）现代堆肥发酵

传统的堆肥技术通常露天堆积，堆料内部处于厌氧环境，这种发酵方法占地大、时间长而且发酵不彻底。现代堆肥工艺通常采用好氧堆肥工艺，其基本堆肥流程包括前处理、一次发酵、二次发酵、后处理等工序。

前处理。前处理的主要任务是调整水分和 C/N 比。前处理的工作还包含粉碎、分选和筛分等工序。这些工序可以去除玻璃、石头、塑料布等粗大垃圾和不能堆肥的垃圾，并通过粉碎使堆肥原料的含水率达到一定程度的均匀化，同时在堆肥过程中保持一定的孔隙，使原料的表面积增加，便于微生物定植和活动，从而提高发酵的效率。在此阶段，降低水分、增加透气性和调整 C/N 比的主要措施是添加有机调理剂和膨胀剂。例如，加入堆肥腐熟物，调节起始物料的含水率，或者添加锯末、秸秆、稻壳、枯枝落叶、花生壳、褐煤、沸石等。

一次发酵。一次发酵又称为主发酵。现代堆肥中通常将堆料置于发酵池（装置）内，通过翻堆或者强制通风向堆料中供应氧气。堆料在嗜温菌的作用下开始新陈代谢，首先将易分解的物质分解为二氧化碳和水，同时产生热量，使堆温上升。在温度上升到 45~65℃ 时，嗜热菌取代嗜温菌。此时要注意避免温度过高。在温度过高时通过翻堆通风的方式进行调整。在保持高温一段时间后，堆料中的各种病原菌被高温杀灭，堆肥温度逐渐下降。一次发酵通常维持 4~12 天，是从堆肥至温度升到最高再开始下降的那段时间，即包括起始阶段和高温阶段。

二次发酵。二次发酵又称为后发酵。此阶段接着上述一次发酵的产物继续进行分解。将一次发酵阶段未分解和分解不彻底的有机物进一步分解转化为腐殖酸、氨基酸等比较稳定的有机物，实现堆肥产品的完全腐熟。此阶段时间较长，通常在20~30天。

后处理。对于经过一次发酵和二次发酵的堆肥产物，已经成为粗有机肥产品，可以直接用于农田、果园、菜园等，也可经过进一步精选，制成精有机肥产品，或者根据市场需求和生产要求，添加氮磷钾等制成有机-无机复合肥，做成袋装产品，用于种植业、林业生产之中。

## 二、畜禽粪便饲料化利用技术

畜禽粪便饲料化处理的方法包括以下几种。

### （一）新鲜粪便直接作饲料

新鲜粪便用作家畜饲料，简便易行。例如，将鲜兔粪按照3∶1代替麸皮拌料喂猪，平均每增重1千克活重节省0.96千克饲料，且猪的增重、屠宰率和品质与对照组没有差异。

鸡粪尤其适于该种方法。由于鸡的消化道短，从吃入食物到排出约4小时，所食饲料70%左右的营养物质未被消化而直接排出。在排出的鸡粪中按照干物质计算，粗蛋白含量为20%~30%，氨基酸含量与玉米等谷物相当甚至还高，富含微量元素等。因此，可以利用鸡粪代替部分精料来饲喂猪、牛等家畜。但鸡粪做饲料的安全性问题不容忽视。鸡粪中含有吲哚、脂类、尿素，其中还有病原微生物、寄生虫等，由于其复杂的成分组成，容易造成畜禽间交叉感染或传染病暴发。因此，在使用之前，可以用福尔马林溶液（含甲醛的质量分数为37%）等化学药剂进行喷洒搅拌，24小时后其中的吲哚、脂类、尿素、病原微生物等就可以被去除。也可以用接种米曲霉和白地酶，再用瓮灶蒸锅杀菌达到去除有害物质和病原微生物的目的。

### （二）青贮

该方法简单易行，效果好，使用较为普遍。具体做法：将新鲜禽粪与其他饲草、糠麸、玉米粉等混合，调节混合物的含水率为40%左右，装入塑料袋或者其他容器内压实，在密闭条件下进行贮藏，经过20～40天即可使用。该方法处理过的饲料能够杀死粪便中的病原微生物、寄生虫等，尤其适于在血吸虫病流行的地区使用。处理过的饲料还具有特殊的酸香味道，可以提高饲料的适口性。

### （三）干燥法

该方法主要是利用高温，使畜禽粪便迅速失水。该方法处理效率高效，且设备简单，投资少。经过处理的粪便干燥后，不仅能更好地保存其中的营养物质，且微生物数量大大减少，无臭气，也便于运输和贮存，可满足卫生防疫和商品饲料的生产要求。常用的技术有自然干燥、高温快速干燥和烘干等。

### （四）发酵法

#### 1. 普通发酵法

该方法主要是利用畜禽粪便中原有的微生物在合适的条件下进行新陈代谢，在产生热量的同时，消灭粪便中的病原微生物、寄生虫卵和杂草种子等。

以鸡粪为例：将玉米粉、棉粕或菜粕按照1∶1的比例，其中添加0.5%的食盐，搅拌均匀制成混合料。根据鲜鸡粪的含水率加入预制的混合料，调整物料用手紧握能成团、轻触即散的状态，然后堆置成高0.6米、宽1.0米的梯形堆，长度根据空间而定，没有限制。堆积时让物料保持自然松散的状态，不可踩压。在堆积完成后，表面覆盖草帘、秸秆等透气保温材料。堆料中本有的微生物开始分解其中的有机物，同时产热，维持堆体的温度

55~65℃就可以灭绝绝大多数病原微生物和寄生虫卵，并将鸡粪中的非蛋白氮转化为菌体蛋白，同时产生B族维生素、抗生素及酶类等有益成分。一般堆积36小时后即进行一次翻堆，期间如果堆体温度下降，则说明堆体中的氧气耗尽，需要及时进行翻堆增氧。翻堆后2~3天可将发酵料在日光下暴晒干燥，将干燥后的鸡粪发酵料粉碎，去除其中的鸡毛等杂质，即可装袋用于家畜饲喂。用该方法生产的鸡粪饲料具有清香味，适口性很好。

在发酵前，也可在发酵料中添加适量的能量饲料，或者遮挡鸡粪不良气味的香味剂，如水果香型、谷香型香味剂等，以增强适口性。或者为了弥补鸡粪中粗蛋白可利用能值较低，可与玉米粉等能量饲料混合，调整能氮比，用于促进瘤胃微生物群落发育，增强牛羊等反刍家畜对鸡粪饲料的适应性。也可考虑将发酵产物制成颗粒型饲料，方便运输、贮藏和食用。

### 2. 两段发酵法

两段发酵法是在新鲜鸡粪中添加外源微生物，通过好氧发酵与厌氧发酵相结合的方法制备饲料。具体的制作技术如下。

将新鲜的鸡粪去杂，去除鸡毛、塑料等不适于发酵的杂物。然后按照32.5%的鲜鸡粪、40%木薯粉或米糠、15%麸皮、10%玉米面、2%食盐的比例，并加入0.5%已激活的活性多酶糖化菌进行充分搅拌。调节混合物料的含水率达到60%左右，即以手握物料指缝中见水而不滴下为宜。然后用塑料布覆盖堆料，保持在28~37℃进行好氧发酵，发酵12小时后翻堆，继续好氧发酵24小时。然后将堆料装入水泥池中或者足够大的容器中，层层压实，在堆体上面覆盖一层塑料布，并用细沙等覆盖，确保不透气，继续进行厌氧发酵。期间会产生挥发性脂肪酸和乳酸等有机酸性物质，能显著抑制白痢杆菌等肠道病菌的繁殖，提高食用畜禽的抗病性。经过10~15天，即可制成无菌、营养丰富、颜色金黄、散发苹果香味的饲料。制成的饲料还可以通过自然晾晒或者机械烘干的方式进一步脱水加工制成颗粒饲料。

#### 3. 现代发酵法

随着畜禽养殖规模化、集约化程度的提高，畜禽粪便的产量大增，以上发酵方法不适于大规模处理，可以利用翻堆机进行规模化好氧发酵。发酵过的畜禽粪便产物应用灵活，既可以用于饲料，也可以用作肥料，还可以用于水产饲料的添加剂。

### （五）分解法

该方法是利用畜禽粪便饲养蝇、蛆、蚯蚓、蜗牛等动物，再将动物粉碎加工成粉状或浆状，用以饲喂畜禽。蝇、蛆、蚯蚓、蜗牛等动物将畜禽粪便中的有机物转化成自身生长发育所需要的营养物质，这些动物体内含有丰富的蛋白，都是很好的动物性蛋白饲料，且品质很高。

## 三、畜禽养殖生物发酵床养殖技术

发酵床养殖技术是综合利用微生物学、营养学、生态学、发酵工程学、热力学原理，以活性功能微生物作为物质能量“转换中枢”的一种生态环保养殖方式。其技术核心在于利用活性微生物复合菌群，长期、持续、稳定地将动物粪尿完全降解为优质有机肥和能量，是实现养猪无排放、无污染、无臭气，彻底解决规模养猪场环境污染问题的一种养殖方式。也就是说，发酵床养猪技术是一种无污染、零排放的有机农业技术，是利用周围自然环境的生物资源，即采集本地土壤中的多种有益微生物，通过对这些微生物进行培养、扩繁，形成有相当活力的微生物菌种，再按一定比例将微生物菌种、锯木屑以及一定量的辅助材料和活性剂混合、发酵形成有机垫料。在经过特殊设计的猪舍里，填入上述有机垫料，再将仔猪放入猪舍。猪从小到大都生活在这种有机垫料上面，猪的排泄物被有机垫料里的微生物迅速降解、消化，不再需要对猪的排泄物进行人工清理，达到零排放，生产出有机猪肉，同时达到减少对环境污染的目的。

## 第四节　农村厕所改造

### 一、粪便疾病的传播与处理

#### （一）粪便的病原体

能引起疾病的生物体统称为病原体。主要包括细菌、真菌、病毒、支原体、衣原体、立克次氏体、螺旋体和寄生虫等。粪便中含有大量肠道致病菌、寄生虫卵和病毒等病原体，这些就是粪便中的致病源。

#### （二）粪便传播的疾病

粪便含有大量的肠道致病菌、寄生虫卵和病毒等病原体。如果不处理就直接排放，会污染环境、滋生蚊蝇、传播疾病，对人体健康造成危害。粪便是许多疾病的传染源，包括3类100余种疾病。

细菌性疾病。细菌性痢疾、霍乱、伤寒与副伤寒等。

病毒性疾病。病毒性肝炎、脊髓灰质炎等。

寄生虫性疾病。血吸虫病、蛔虫病、钩虫病、肝吸虫病、绦虫病等。

据统计，世界上约有80%的传染性疾病是由于人类粪便污染饮用水源和环境导致的。

#### （三）粪便传播疾病的途径

##### 1. 粪便→手→口→疾病

便后不洗手，粪便里的细菌和虫卵就会通过手、口进入人体使人得病。

2. 粪便→蚊蝇→食物→口→疾病

粪便暴露易滋生蚊蝇，蚊蝇携带粪便中的致病微生物会污染食物和餐具，人吃了被污染的食物容易得病。

3. 粪便→土壤→食物→口→疾病

粪便不经过处理直接施肥，致病微生物就会经土壤污染食物，人吃了容易得病。

4. 粪便→水→食物→口→疾病

粪便管理不当污染水源，用被污染的水清洗食物会传播疾病。

5. 粪便→土壤或水→皮肤→疾病

粪便未经过处理污染了土壤或水，人接触到含病原体的土壤或水后容易得病。

### （四）粪便无害化处理

粪便无害化处理就是利用物理、化学或生物方法，消减、去除或杀灭粪便内的致病菌、病毒和寄生虫卵等病原体，控制蚊蝇滋生，防止恶臭扩散并使其处理产物能直接被资源化利用。

粪便经无害化处理后可以作为肥料，但因含有丰富的氮、磷等营养元素，不可排入水体，否则会造成水体富营养化。

## 二、卫生厕所要求与标准

卫生厕所是指厕屋有墙、有顶、有门，厕屋清洁、无臭，粪池无渗漏、无粪便暴露、无蝇蛆。粪便就地处理或适时清出处理，达到无害化卫生要求；或通过下水管道进入集中污水处理系统处理后达到排放要求，不污染周围环境和水源。

### （一）卫生厕所基本要求

从厕所建设方面来说，地上无粪便暴露，眼睛看不到粪便，鼻子闻不到臭味。

从维护管理方面来说，地下不渗不漏，粪便进行无害化处理，不对环境造成污染。

如果厕所建设不符合要求，那么就不是卫生厕所；即使建设符合要求，但管理维护不规范，同样也不是卫生厕所。

### （二）无害化卫生厕所

根据《农村户厕卫生规范》（GB 19379—2012）的规定，无害化厕所是指按照规范要求使用时，具备有效降低粪便中生物性致病因子传染性设施的卫生厕所，包括三格化粪池式厕所、双瓮漏斗式厕所、三联通式沼气池厕所、粪尿分集式厕所、双坑交替式厕所和具有完整上下水道系统及污水处理设施的水冲式厕所。

无害化卫生厕所必须有三格化粪池等能够杀灭或去除生物性致病因子的粪便无害化处理设施，能够减少粪便对人体健康的危害，减少对环境的污染，是卫生厕所的升级版。在已普及卫生厕所的地区，可以逐步升级为无害化卫生厕所。有条件的地区，可以一步到位建设无害化卫生厕所。

## 三、农村卫生厕所的类型

卫生厕所类型很多，其中实现粪污无害化处理的卫生厕所，重点推荐以下5种类型：三格化粪池式、双瓮（双格）式、三联通沼气池式、粪尿分集式、双坑（双池）交替式。另外，生物填料旱厕、净化槽等新型无害化卫生厕所不断涌现，性价比逐年提高，适合在经济条件较好的农村地区推荐使用。

### （一）三格化粪池式厕所

三格化粪池式厕所由厕屋、蹲（坐）便器、冲水设备、三格化粪池等部分组成，其中核心部分是用于存储、处理粪污的三格化粪池。三格化粪池是一种粪污初级处理设备，由三个串联的池体组成，一池与二池、二池与三池之间通过过粪管连接。三格式厕所一定要使用节水型便器。

三格化粪池式厕所适合我国多数地区使用。在水资源丰富或者农村自来水普及率高的地区最为适用，西部干旱缺水地区不建议普及使用。寒冷地区建设三格化粪池式厕所要注意防冻。最好把厕屋建在室内，化粪池尽量使用整体式、现场免装配的成型产品或直接用混凝土浇筑，要深埋至冻土层以下，并适当增加容积，上下水管道要有防冻措施。宜选用直排式便器，便器排便孔后不应安装存水弯。同时，农村建设三格化粪池式厕所一定要配节水型冲水器具，后期清掏管护要跟上。

### （二）双瓮（双格）式厕所

双瓮（双格）式厕所是一种结构简单、安装方便、造价较低的卫生厕所，其核心部分是两个瓮形化粪池。可建于厕屋内便器下方，粪便可直接落入前瓮，但便器排便孔处要安装防臭阀；也可和后瓮一起建在厕屋外，通过过粪管与便器相连。

双瓮式厕所的原理与三格式基本相同。前瓮的作用是使粪便充分厌氧发酵、沉淀分层，寄生虫卵沉淀及粪渣粪皮被过粪管阻拦，只有中层粪液可以通过过粪管进入后预制。先由工厂生产出半个瓮，然后运输到施工现场组装后埋入地下。为了运输、施工方便，目前多数塑料双瓮化粪池的两个瓮均做成相同的尺寸。单个瓮的容积一般不应小于0.5米$^3$。

双瓮（双格）式厕所主要适合土层较厚、使用粪肥的地区。因造价较低，只需少量水便可冲厕，在中原、西北地区较常见。由于其所需的冲水量少，在缺水地区可配合高压冲水器使用。

瓮体的高度要求大于1.5米，埋深较深，具有一定的防冻作用。在寒冷地区增加埋深，或瓮体加倍增高，并采取保暖措施也可正常使用。

### （三）三联通沼气池式厕所

三联通沼气池式厕所是将厕所、畜圈与沼气池（发酵池）联通起来，人粪尿、畜禽粪尿等排入沼气池共同发酵产生沼气的厕所。

三联通沼气池式厕所具有如下优点：①粪便无害化效果好，肥效好；②沼液调配后可喷施蔬菜、瓜果，有杀虫和提高产品质量的功效；③沼气可以做饭和照明，节省燃料；④经济效益比较明显。三联通沼气池式厕所具有如下缺点：①建造技术复杂，一次性投入较大；②需要饲养家禽或牲畜，仅使用人粪便发酵的产气量很少；③不适合寒冷地区；④出现故障一般需要专业人员维修。

### （四）粪尿分集式厕所

粪尿分集式厕所是采用专用的粪尿分集式便器，将粪便和尿液分别收集到储粪池和储尿桶的一种厕所。粪尿分集式厕所的主要结构包括厕屋、粪尿分集式便器、储粪池、储尿桶，其中粪尿分集式便器是主要部分。

粪便需要加细沙土、草木灰等覆盖材料进行掩盖、吸味，并进行脱水干燥，同时杀灭病原体，以达到无害化卫生标准；尿液存放 7~10 天，兑水后可直接用于农业施肥。

粪尿分集式厕所适用地域：①干旱、缺水地区，其中阳光充足的地区尤为适用；②寒冷地区；③居住分散、家庭人口较少的农户；④烧柴做饭、取暖的地区，草木灰可作为覆盖料。

### （五）双坑（双池）交替式厕所

双坑（双池）交替式厕所由普通的坑式厕所改进而成，一个厕所由两个厕坑（储粪池）、两个便器组成。两个坑交替使用，主要适用于我国干旱缺水的黄土高原地区，在新疆、西藏及东北高寒地区也有应用。

双坑（双池）交替式厕所要并排建造两个厕坑（储粪池），

每个厕坑上设置一个便器。当使用的一个厕坑满后，将其密封堆沤，同时启用第二个厕坑；当第二个厕坑满后，马上封存，如果第一个厕坑已厌氧堆沤 6 个月以上，实现无害化后，可将粪肥取出使用。如此，两个厕坑便可交替循环使用。

双坑式厕所单个储粪池的容积一般不小于 0.6 米$^3$，可现场砖砌，也可采用预制混凝土、塑料或玻璃钢制作。储粪池可建在地下或半地下，也可以建在地上。使用时要撒干土覆盖，使人粪尿与土混合。

## 四、农村改厕组织实施

### （一）农村改厕实施方案应考虑的内容

地理环境、气候条件。如山区、平原的不同特点，干旱缺水、寒冷气候等。

农民改厕意愿。结合经济水平、农民生产生活习惯，如习惯用水厕还是旱厕，有无养殖种植和使用农家肥等情况，充分尊重农民改厕意愿。经济条件好的，可以选择质量好、价格高的厕具产品和厕所类型；经济条件差的，可以选择实用的、较廉价的厕具产品和厕所类型。

结合乡村振兴、脱贫攻坚、改善农村人居环境等规划，统筹考虑。

按照村庄类型，突出乡村优势特色，体现农村风土人情。

编制年度任务、资金安排、保障措施等。

### （二）干旱地区农村改厕的注意事项

可考虑用免水冲或少水冲的改厕技术类型，如粪尿分集式、双坑交替式、生物填料旱厕等，也可选择循环用水冲的或节水的便器。

选择造价适中、使用方便、维护简单的厕所，要适合农民的收入水平并满足农民的卫生需求。

注重厕所的安全、卫生，旱厕改造要保证粪便无暴露和无害化，不会对生态环境造成污染。

注意改厕的可持续性和粪污资源化利用。旱厕技术要保证具有可持续性，厕具品质坚固耐用，尽量选用粪污可资源化的改厕类型。

### （三）寒冷地区农村改厕的注意事项

应充分考虑采用厕所入室的方式，解决如厕舒适和厕所防冻问题。

入室条件不具备的情况下，可选择卫生旱厕类型，如粪尿分集式、双坑交替式等类型。

对有用肥需求的农户，要考虑农作物的施肥周期，适当扩大化粪池容积，延长清粪周期。

使用生物填料旱厕、净化槽等微生物技术厕所，要考虑保持适宜的温度，综合考虑运行管理成本。

对采用三格化粪池式厕所和双瓮（格）式厕所的，要尽量使用整体式、免组装的成型产品，并埋至冻土层以下。

### （四）严把厕具产品质量关

相关材料设备要具备质量鉴定报告，地下部分应明确设计使用寿命。

有条件的地方要对材料设备进行现场抽样送检，由专人或专门机构进行质量把关。

在评选改厕产品和厂家过程中，要广泛听取村民代表和技术人员意见。

开展招标采购的项目要严格按程序执行，中标单位要全程提供设备安装指导服务。

要充分了解产品市场信息，严肃查处相互串通哄抬产品价格、获取非法利益的行为。

### （五）加强施工质量监管

要由培训合格的施工人员严格按标准要求进行改厕，或在专业技术人员的指导下组织村民进行施工。

严格落实工程质量责任制，明确施工队伍的保修责任。

不得随意转包分包，不得擅自更改设计内容和工程量，不得随意压缩合理工期，强化工程施工日志管理，以备核查。

强化施工全过程监管，探索建立由乡镇政府主管、第三方监理、村民代表监督的全方位监管体系。

### （六）农村公共厕所建设注意事项

方便村民。应根据区域经济发展水平、特点和村民习惯，设置农村公共厕所。一般每个行政村至少设置 1 处农村公厕，50～100 人的自然村，也宜设置 1 个，使用人数少时，可设置单蹲位的厕所。按服务人口设置时，宜为 200～500 人/座，公厕服务半径不宜超过 500 米。

合理确定厕所蹲位数及男女蹲位比例。一般公厕不需设置过多蹲位，女性与男性蹲位比不低于 3：2。

合理选择公厕位置。公厕的位置应选在主要街巷、道口、广场、集贸市场和公共活动场所等人口较集中且方便到达的区域，避免建成后由于太远而无人使用的现象，具体位置应选择在地势较高、不易积水、村庄常年主导风向的下风口，还应便于维护管理、出粪和清渣。

合理选用公厕类型。公厕的类型应根据当地气候特征、供水条件、村民习惯、管理能力等科学确定，高寒干旱地区、供水保证率低（如每日定时供水）的地区，宜选择使用方便、管理简单、卫生无味的无水冲厕所模式；供水条件较好、冬季受冰冻影响小以及防冻措施得当的条件下可以建设水冲式厕所，并建设一定容积的三格化粪池或污水处理设备处理污水，不得将冲厕污水直接排入河流和水沟内。冬季应采取必要的防冻措施，尽量利用自然能，避免采用空调、地暖等高能耗方式解决农村公厕防冻问题。

厕所的设计应与周边环境和建筑相协调，体现乡村气息和地方特色。可采用砖砌、石砌或其他地方常用的材料和结构建设，厕屋应通风良好、有防蚊蝇措施。根据需要设置残疾人便器、儿童便器等辅助设施。

# 第四章 完善公共基础设施

## 第一节 农村道路畅通工程

### 一、农村道路建设现状

“要想富，先修路”。农村道路是覆盖范围最广、服务人口最多、提供服务最普遍、公益性最强的交通基础设施。过去的农村，基础设施相对薄弱，交通也不方便，村民出行受到了阻碍。后来，深入农村地区推进了公路“村村通”计划，尤其是在2018年的时候，随着乡村振兴战略的出台，为了打通农村公路“最后一公里”，再次下拨资金扩建修建农村公路，为贫困地区和偏远地区的农村建设出村道路，使得农民群众“出行难”问题得到基本解决。但总体上说，这种道路等级还比较低，很多达不到乡村振兴的标准，包括路网通达深度仍然不足、技术等级水平总体偏低、安全防护及桥涵等配套设施建设不足、管理养护存在明显短板、客货运输服务水平不高等。因此，乡村振兴，要使大部分乡村有序实施较大人口规模自然村（组）通硬化路。同时要根据产业发展的需要，分类实施，加强农村资源路、产业路、旅游路和村内主干道建设，保障汽车、拖拉机以及大型机械的畅通，甚至要推进农村公路建设项目更多向进村入户倾斜。

## 二、实施农村道路畅通工程

农村道路畅通工程是宜居宜业和美乡村建设的重要组成部分，应重点推进如下工作。

### （一）完善乡村道路建设

实施农村道路畅通工程首先要完善乡村道路建设，要坚持以服务群众安全便捷出行为首要目标，将“四好农村路”建设与“十四五”规划和美丽乡村、全域旅游等专项规划配套衔接，一张蓝图绘到底，合理编制农村路网建设计划，构建起内联外畅、通村达户的农村交通体系。

第一，应当从“无序建设”到“科学规划”转变。将村内道路建设纳入政府道路建设规划范围，农村道路建设专项规划要与乡村振兴战略以及村庄布局优化相衔接，按照因地制宜的原则，充分考虑东、中、西部地区现有农村道路的基础状况与建设需求，并结合农村的区位特点、地形地貌、资源禀赋、产业发展等因素，统筹布局农村道路整体建设，形成具有当地特色、与现实情况和未来发展相适应的村道路网络。

第二，应当从“政府主投”到“多方参与”转变，吸引社会资本参与农村道路建设。地方政府是农村道路建设的最主要供给主体。但由于农村道路建设资金需求量较大，仅靠政府部门，尤其是县级政府独立投资建设，会给地方财政带来较大压力，应在“财政为主”的基础上，健全投入机制，拓宽投资渠道，优化投资环境，加快形成财政优先保障、金融重点倾斜、社会积极参与的多元投入格局。制定出台社会资本投资农村公路等农村公共基础设施建设的指导意见和实施细则，细化落实用地、环境影响评估等政策措施，积极引导鼓励社会资本投资农村公路建设，鼓励采取农村公路资源开发、金融支持、捐助、捐款等方式筹集农村公路建设资金，以及通过实施“一事一议”财政奖补等政策，积极引导农民对农村道路建设投工投劳。

第三，应当从“面上铺开”到“深耕细作”转变，重点加强农村道路薄弱环节建设。从区域上看，东部和发达地区的农村道路建设状况比较好，农村道路建设的工作重心应转向中西部地区和偏远贫困地区，为贫困地区农民群众修好脱贫致富路；从范围上看，通村的外部道路已比较完善，要将工作重心从村外转向村内，重点建设村内街巷和机耕道，从“主动脉”向“微细血管”转变；从内容上看，要从通路到通车、通邮、通商转变，加快农村地区电商、物流、旅游等第三产业发展，使“微细血管”流通起来。

### （二）做好乡村道路管护升级和隐患治理

目前随着农村公路总里程快速增加，地方政府对农村公路管理养护的资金压力巨大，导致管理和养护的积极性和主动性不足，农村公路“重建轻养”“以建代养”的现象非常普遍。在得到管理养护的路段中，保养措施也大多仅停留在卫生清扫、路面简单修补的层面，管护水平较低，道路质量没有提升，容易出现路面损坏、减速带损毁、护栏扭曲等问题，做好乡村道路管护升级和隐患治理应当被放在更加重要的位置。

为此，要加快建立健全道路管护制度。在加大村内道路建设的同时，建立健全“有路必管、有路必养”的管护制度，明确管护主体、管护责任、管护范围等。通过宣传、培训等方式增强农民对村内道路管护的意识，设计合理的渠道和机制，让村民有积极性参与管护，利用社区道德规范引导农户自愿合作，爱护村内道路。探索建立村内道路“路长制”，在镇村两级中逐层签订村内道路维护与管理的目标责任制，分解具体任务，保证任务明确、奖惩分明、保障有力。加快发展多种形式的管护组织，将村内道路的管护纳入专业的管护组织之下，提高管护水平。

强化村内道路管护资金的落实，明确各级财政投入农村公路养护的具体政策，制定中央、省、市、县四级公共财政用于农村公路管护的投入标准，将农村道路管理养护纳入一般性转移支付测算因素，以县乡两级地方政府为主，每年根据村内道路建设里程，在农村基础设施建设资金中划出一定比例支撑，解决农村道路失养问题。

做好农村道路的隐患治理。加强道路交通安全隐患排查治理工作。在对农村道路进行全面排查，摸清农村道路安全隐患底数，建立隐患基础台账的基础上，根据公路等级、交通流量、交通事故等情况，落实动态排查、定期复查工作。针对排查出的安全隐患，按照“先急后缓、技术可行、经济可能”原则，及时制订治理方案，落实治理资金，明确治理时限，按时完成治理任务。加大农村道路安全设施建设力度。改变农村道路“只有路，没有牌”的状况，严格施工验收，配齐道路标识牌、减速带、红绿灯等配套设施，对已缺失的交通标志、标牌和已损坏的隔离、防撞等安全防护设施，要及时补充、修复和完善，全力消除道路安全隐患。尤其是在急弯陡坡、临水临崖等危险路段，应严格按照相关规定，同步建设安全防护设施和警示标志，对一时难以治理的隐患路段，要派出警力加强管控，设置交通警示标志，提醒过往车辆驾驶人减速慢行，使农村道路成为农民群众的安全路。

### （三）推动城乡交通运输一体化

首先，应当理顺管理体制。建立城乡统一管理的交通管控体系管理体制是城乡交通一体化的焦点和关键。为此，建议将城市道路交通基础设施，包括城市道路和公交站场的规划、建设和管理划归综合交通部门管理，避免多头管理和重复建设，实现城乡道路交通资源的规划、建设和管理一体化，以便布局合理、功能全面、层次分明、协调发展的一体化路网体系能够尽快建成。

其次，应当统筹衔接并理顺城乡道路层次结构，在注重扩道路网络尤其是农村地区道路网络规模的同时，应更多注重城乡道路网络系统功能及结构的改善，逐步调整城乡道路功能层次结构，使其不仅自身结构合理，而且各个功能层次网络之间也要充分协调与匹配。从中远期角度考虑，应当制定技术政策，以功能标准划分、整合城乡道路，立足整体，在城市道路和农村道路两个子系统之上建立结构合理、功能清晰的层次体系，以充分发挥城市道路系统的整体能力。

再次，应当坚持法制先行。我国现行交通法律制度尚未将由城乡一体化中交通问题所产生的新型社会关系纳入研究范畴，也未对该项变化带来的法律挑战给予相应的回应。应加紧调查研究工作，掌握各地对城市公交、城乡客运、出租车客运的需求，从城乡交通一体化角度，组织全国不同城市、不同区域的管理专家、城市交通规划专家、城市交通政策专家、法律事务专家等综合专家团队，加快审查修改《城市公共交通管理条例》，争取尽快正式出台实施。在此基础上严格遵守最新修订的《道路旅客运输及客运站管理规定》《中华人民共和国道路运输条例》等规章制度，加快推进城乡交通一体化服务的法制化进程。

最后，应推动城乡交通数据资源共享。各交通职能部门应当充分共享城乡交通运输数据资源，促进城乡交通一体化网上平台的互联互通。扩充交通运输信息服务范围，奠定城乡交通一体化发展技术与数据基础。依托移动互联网技术、区块链技术和人工智能等技术，建立城乡交通一体化的大数据专线与数据库，促进城乡交通一体化信息推送、网上售票、信息查询等功能在不同交通方式之间的有效衔接。

## 第二节　农村防汛抗旱和供水保障工程

### 一、强化农村防汛抗旱

中华人民共和国成立以来，我国一直重视防汛抗旱设施的建设。在政府主导下，我国完成了大量的水利工程建设，为解决工农业的用水需求和缓解自然灾害的威胁起到了重要作用。21 世纪以来，大量农村的中小型水利工程因废弃、维护不当造成防汛抗旱功能下降，加之近年来生态环境恶化和全球气候变暖引发全国各地降雨量分布出现异常，各地农村旱涝灾害的风险呈现上升的趋势。同时，近几年防汛抗旱水利工程建设也存在投入不足的困难。从国家财政来看，2019 年全年共落实水利建设资金 7 260 亿元。但在地方上，水利工程的主要资金还是由市级以上的财政部门补贴，在建设资金有限的情况下，每年的水利工程人员和物力投入也不稳定。2010—2019 年，地方财政中水利工程的投资占比年均增长只有 1.2%，远低于交通、市政设施和通信等其他行业的投入，亟须提高对防汛抗旱基础设施建设的重视程度。

#### （一）推进农田水利工程建设

农田水利设施的科学建设以及高效管理对现代农业的生产起着关键性的作用，其重要程度不可忽视。各地水利部门及有关政府部门应该转变过去传统的认知，将农田水利工程的建设管理工作纳入政府部门的工作体系当中，提高重视程度，加强对农田水利设施管理重要性的有效宣传，使部门上下的各工作人员都能够对水利工程的管理内容加大重视，增加对公众素质的宣传培训力度，完善公众参与水利工程建设的相关体制机制。同时可从本地财政资金当中划拨出专项资金用于农田水利工程管理，引进更多先进的高素质的管理人才，确保农田水利工程的维护管理有充足的资金、人力支持，更好地推动现代农业发展。

### （二）加快防汛抗旱信息化基础设施建设

防汛抗旱信息化基础设施建设是提升防汛抗旱工作水平的重要措施。应以加大应用能力为目标，积极利用现代信息技术的新成果，不断完善已建的各类防汛抗旱应用系统，如视频会商系统，完备的信息采集、防洪调度、指挥决策系统，洪水风险图集成、气象预报、水雨情监测等防汛抗旱信息化业务系统等，逐步形成信息共享、数据准确、反应灵敏、传输快捷的防汛抗旱信息平台，全面提升信息化应用水平，进一步针对新形势、新需求研发新的应用系统，不断提升应急保障能力。

### （三）充分调动农民参与农村防汛抗旱基础设施建设的积极性

农民是农村防汛抗旱基础设施建设的直接受益主体，应充分调动农民参与农村防汛抗旱基础设施建设的积极性。加强对农民的科技教育与培训，引导他们充分认识到加强小型农田水利建设的重要性，提高粮食主产区农民参与小型农田水利建设的积极性；切实转变政府职能，加强政府在小型农田水利建设中投入资金的引导作用，减少农民的“搭便车”心理；进一步加大对种粮农民的财政补贴力度，适度提高粮食收购价格，以增强农民对小型农田水利建设的支付能力；充分尊重农民的意愿，根据不同区域农户家庭收入水平和构成、劳动力供给以及农民身体健康状况差异等实际情况，合理引导农民筹资筹劳。

## 二、强化农村水源保护和水质保障

农村饮水安全事关社会大局的稳定以及广大农村群众的身体健康。农村水源保护既是一项重要的民生问题，又是一项重大的政治问题。近年来，中央和地方各级政府高度重视农村水源地保护工作，先后在生态文明建设、最严格水资源管理、水污染防治行动计划等国家重大决策层面对饮用水源保护工作提出明确要求。《关于进一步加强饮用水水源保护和管理的意见》（水资源〔2016〕462 号)，强调切实保障饮用水水源安全，加强水源地保护和管理。未来强化农村水源保护和水质保障，需要从以下 3 个方面出发。

### （一）坚决落实水源保护工作责任机制

农村饮用水水源保护工作涉及生态环境部、水利部等多个部门。现行体制下，保护工作仍存在职能分工界限不清、工作不易衔接、项目规划与建设各自为政的问题。开展农村饮用水水源保护工作，必须由政府主导，统一部署，在明确责任的基础上加强多部门分工配合。县级政府应发挥主体责任作用，把农村饮用水水源保护工作列入日常重点工作，根据本地实际情况确定管理体制，建立主管部门牵头、相关职能部门齐抓共管的工作机制。对各部门和乡镇政府强化目标考核和责任追究制度，确保农村饮用水水源保护各项措施落到实处。

### （二）科学规划和布局农村饮用水水源

农村现有供水工程水源保护范围的划定和保护范围内的治理仅仅是农村水源保护工作中的一部分内容，出于提高供水保证率和供水质量以及降低水源保护和管理难度的需要，未来需加快农村水源调整和整合力度，应将已经不合适的水源摒弃，选用新的优质水源，通过分区分片的方式，加强对分散且质量不高的农村水源的整合管理，从而改变农村水源点多面广的局面。

### （三）探索农民参与水源长效管护的模式

切实发挥农民主体作用，探索农民参与水源长效管护的模式。农村饮用水水源保护与广大农民生产生活息息相关。农民是农村饮用水水源地保护项目实施的主体，应切实加大农民参与力度。同时应进一步发挥好村委会、农民用水合作组织、农村其他相关自治组织的作用，调动农民积极参与农村水源保护。应当在考察当地村规民约基础上制订农村社区饮用水源管理制度，使保护制度更结合实际、更具体、更可行。因地制宜探索农村水源长效管护模式，例如，可由市、县补助，乡镇或村集体适当出资，组建专门队伍负责一些专业化要求较高的养护任务，如污水处理、垃圾清运、河道保洁等。在此基础上，灵活地通过划分党员责任区、村民“门前三包”等方式发挥好农民监督和参与作用，使农民在参与中提高热情，变被动为主动，形成人人关心、共同努力的氛围，确保治理成效。

## 三、完善供水工程建设

我国历来非常重视供水工程建设，中华人民共和国成立以来，国家采取了一系列措施解决饮水安全问题，供水工程建设工作取得了举世瞩目的成就。截至 2018 年年底，我国已建成 1 100 多万处供水工程，累计共服务 9.4 亿农村人口。截至 2020 年年底，我国农村集中供水率和自来水普及率有了很大的提高，其中集中供水率达到 88%，自来水普及率达到 83%，农村供水能力显著提升。目前，我国千吨万人以上规模化供水工程和区域供水管网延伸工程受益人口逐年增多，现已达到全国农村供水总人口的 50%，部分地区已基本实现区域供水全覆盖，供水保证率有了很大提高。但由于农村供水工程建设起步较晚，加上农村地区水源条件、经济条件、地形条件、技术条件及发展状况等限制，城乡供水差异仍然较大，需要紧紧抓住乡村建设行动的契机，推进农村供水工程建设。

### （一）完善城乡供水一体化管理体制机制

进一步理顺城乡供水管理体制，建立健全政府主导、供水主管部门和城建部门牵头、相关部门各负其责、全社会共同参与的城乡供水一体化管理体制，为城乡融合发展提供支撑。以城乡供水基础设施均等化为导向，坚持“城乡一体、原水统筹、资源整合、规模发展、因地施策、专业运营、优质服务”的总体思路，建立健全事权清晰、权责一致、共同协作的城乡供水一体化建设管理体制，推进农村与城市同水源、同管网、同水质、同服务建设，建立健全有利于农村供水长效运营的管护机制。城乡供水一体化实行专业化管理、企业化运营和市场化运作，完善市场主体准入制度，通过股权合作、委托经营、整合改制、特许经营等方式，明确市场主体的管护权、经营收益权，保护其合法权益。

### （二）完善相关政策，推进社会资本参与工程建设和运营

采用积极的激励政策，鼓励社会资本参与农村供水工程建设运营。具体包括股权合作、股权投资和政府与社会资本合作（PPP 模式）等方式。对城市供水企业、区域性供水企业、农村供水单元进行整合，通过划转、收购、兼并、控股、参股等方式，整合城乡水务资产，组建或新建供水主体，逐步形成以产权为纽带的城乡一体化的供水主体（供水公司或集团），承担城乡供水统一经营管理工作。建立健全社会资本参与水利项目的激励机制，对社会资本参与的社会效益较好、项目收入不能覆盖成本和达不到行业基本收益率的项目，特别是实行政府指导价的项目，落实好有关的税收、补助机制，全面提升农村供水基础设施建设和管理水平。对供水对象单一、范围较小的项目，鼓励投资经营主体与用户协商定价。鼓励水务企业按区域进行合并、重组，实现供水区域优化、资源配置优化、管理技术优化，改变小水厂、小公司过多和分散经营的状况。鼓励以政府购买服务等方

式引入专业化企业，提高城乡一体化供水设施管护的市场化程度。

### （三）推进农村供水水价改革，全面建立合理水价机制

农村供水已经从大规模建设阶段走向建管并重和突出运行管理的新阶段，合理水价形成和水费收缴机制是保障供水工程良性运行的根本措施。应当科学测算供水成本，建立分区分类定价制度，在供水成本测算基础上，以补偿成本、公平负担为基本原则，建立对于不同规模工程、不同用水户实行分类定价的制度，分区、分类因地制宜地采用单一制计量水价、两部制水价或固定水价等计价模式。同时，合理确定水价，平衡多方利益：农村供水水价还应充分考虑政府、市场、用水户等多方利益。一是充分发挥政府宏观调控作用，从制度上落实和区别定价主体、监管主体和实施主体的责任；二是保障供水单位维持工程运行的成本需求及合理利益诉求，以及吸引专业化公司进入农村供水市场；三是考虑用水户的经济和心理承受能力，可通过听证会、组织参观水厂、宣传等方式提高用水户用水缴费的意识，提高管理水平。

## 第三节　农村清洁能源建设工程

农村能源是农业农村发展的重要基础和动力。因地制宜开展农村清洁能源建设，是深化农业供给侧结构性改革、提高农民生活品质、推动乡村振兴的重要举措，有助于优化我国能源结构、促进绿色低碳发展、实现碳达峰碳中和目标。

### 一、开发和利用农村清洁能源的意义

开发和利用农村清洁能源是保障我国能源安全的内在要求。能源安全是关系国家经济社会发展的全局性、战略性问题，对国

家繁荣发展、人民生活改善、社会长治久安至关重要。针对煤炭、石油等传统能源日趋紧张的状况，实施多元化能源战略，保障国家能源安全是必然选择。农村地区具有丰富的可就近利用的可再生能源，因地制宜合理开发利用这些能源，不仅可满足农村的用能需求，未来还可向城市供能，缓解全国能源供应压力。

开发和利用农村清洁能源是减排降碳的重要手段。受我国“富煤贫油少气”资源禀赋的影响，部分农村取暖、炊事仍以煤炭为主，落后的用能结构导致农村地区生态环境问题日益严重。合理开发和高效利用农村清洁能源，发挥生物质“零碳”和“负碳”，特别是能减少甲烷排放的优势，不仅可以满足未来农村新增能源需求，还能大大减少对化石燃料的依赖，促进减排降碳，对农村生态环境保护大有裨益。

开发和利用农村清洁能源是激发乡村发展活力的有效途径。一方面，农村清洁能源发展可推进农村电力基础设施进一步完善，促进农业电气化和电能替代，提高农业生产率，促进农民增收和农业增产，扩大有效投资及带动农村电力消费能力提升；另一方面，农村能源结构优化升级、可再生能源的开发和使用，将进一步拓展农业生产领域，改变生产模式，延长产业链条，促进农业人口就业，带动农村产业结构调整和优化升级。同时，巩固光伏扶贫、生物质能扶贫等能源扶贫工程成效，能提升农村地区自身“造血”能力，为农村经济发展增添新动能。

## 二、实施农村清洁能源建设工程

《乡村建设行动实施方案》中指出，要“实施乡村清洁能源建设工程。巩固提升农村电力保障水平，推进城乡配电网建设，提高边远地区供电保障能力。发展太阳能、风能、水能、地热能、生物质能等清洁能源，在条件适宜地区探索建设多能互补的分布式低碳综合能源网络。按照先立后破、农民可承受、发展可持续的要求，稳妥有序推进北方农村地区清洁取暖，加强煤炭清洁化利用，推进散煤替代，逐步提高清洁能源在农村取暖用能中的比重。”

发展乡村清洁能源一直是“三农”工作的重点。2021年的中央一号文件明确部署了要“实施乡村清洁能源建设工程”。具体项目内容包括推进燃气下乡、加大农村电网建设力度、发展农村生物质能源、加强煤炭清洁利用等。

发展水能、风能、太阳能、生物质能等清洁可再生能源，推动能源结构调整，是我国能源建设的大势所趋。实现广大乡村地区高质量发展将是我国下一阶段需要完成的最紧迫任务。通过大力发展乡村分布式风电、光伏、生物质能，以及以微管网模式推进燃气下乡等，推进农村能源消费升级，不仅有助于实现农村经济绿色低碳发展，还可以拓宽农民增收渠道，对于实现乡村振兴具有重大意义。

## 三、把握推进农村清洁能源建设的着力点

### （一）突出发展生物质能

生物质是一种可再生能源，能大规模替代石油燃料，是绿色能源和战略能源的重要支撑。生物质能符合农村资源条件和用能结构分散的特征，是实现农林废弃物综合利用、改善农村生活面貌、发展循环农业的有效载体，具有其他新能源无法比拟的综合效益。在生物质能发展上，应抓好补短板工作，主推产业链形成，引进高新技术企业，吸纳农民就业，形成利益共同体。因地制宜开展生物质低碳能源示范项目建设，大力推动生物质能利用从单一原料和产品的模式转向原料多元化、产品多样化、多联产的循环经济梯级综合利用模式。按照合理半径构建原材料收储

点，解决原材料收集难题，促进原材料便捷有效利用。

### （二）建立政策支持体系

政府的引导和支持是推动农村清洁能源发展的关键。要整合农村污染治理、生态环境保护、美丽乡村建设和促进绿色低碳、绿色金融发展的相关政策，将发展农村清洁能源与生态环境治理紧密结合，形成支持农村清洁能源发展的政策体系，提高政策效率、效能。在财政、税收以及金融方面制定适当的优惠政策，鼓励企业与农民形成有效的经济联合体，确保清洁能源得到广泛推广和利用。

### （三）激发农民参与热情

农村地区清洁能源建设不仅需要政府支持，还需要农村群众的广泛参与。要在农村地区广泛开展清洁能源宣传普及活动，通过建设示范工程，使农民对清洁能源的优势有直观感受，主动开发和使用清洁能源。充分考虑当地以往的能源使用习惯和方式，制定科学的激励制度，引导当地居民改变传统的能源消费习惯。根据当地经济发展情况，建设清洁能源销售与流转市场沟通机制，帮助当地群众在能源建设与清洁能源开发利用过程中获得收益。

### （四）发挥科技创新驱动作用

推进农村清洁能源建设，要强化科技支撑，积极引进先进技术，并在当地形成完善的产业生态链。一是整合企业、高校、研究机构等优势资源，积极引进国内外先进技术和经验，加大研发投入力度，加强对前沿重点技术的攻关，积极推进农村能源互联网、农业绿色节能、数字化智慧化等前沿能源技术的转化应用；二是培育以企业为主体的农村能源技术创新战略联盟，构建以市场为主导的资源自由流动和优化配置的良好环境，促进科技、信息、资金、管理等现代生产要素向农村集聚，加快农村能源产业链创新发展。

# 第四节　农产品仓储保鲜冷链物流设施建设

## 一、农产品仓储保鲜冷链物流设施建设的意义

冷链是指根据物品特性，从生产到消费的过程中使物品始终处于保持其品质所需温度环境的物流技术与组织系统。对于农产品而言，从田头到餐桌的每一个环节，均需要温度护航。其温度从果蔬、花卉、乳制品等的冷藏区间（0~10℃），到肉类、冷饮等的冰温保鲜区间（-2~0℃），再到速冻食品、低温水产品的冷冻区间（-18℃以下），全程保证质量安全，减少腐烂损耗。农产品仓储保鲜冷链物流设施是实现全程冷链的重要载体，主要通过通风贮藏库、机械冷库、气调贮藏库、预冷及配套设施设备建设，实现农产品在采收预冷、产后贮藏、加工、集散等环节始终处于适宜温度控制环境，能够有效降低农产品损耗，保持农产品品质。农产品仓储保鲜冷链物流设施建设工程，既是推动农业高质量发展和乡村振兴的重点内容，更是适应人民群众美好生活需要和消费升级的重要举措。

### （一）推动农业供给侧结构性改革的客观需要

城乡居民农产品消费正由“吃得饱”向“吃得更安全、更营养、更健康”转变。快速变化的消费升级，倒逼产业链、供应链提质增效，迫切要求加快发展农产品仓储保鲜冷链设施，降低农产品产后损耗，满足周年供应和均衡上市需求，提供更多质优物美的农产品。

### （二）实现乡村产业振兴的内在要求

农产品仓储保鲜冷链设施是现代农业发展的重要支撑。加快

建设步伐有助于发挥流通对生产的先导性作用，促进生产、加工、物流基地建设，实现区域内技术、制度、管理等方面的交流与合作，提升组织化、规模化、标准化和信息化水平，放大产业规模和外溢效应。

### （三）顺畅农产品高效流通的迫切需要

农产品仓储保鲜冷链设施为农产品提供了一条区别于传统的渠道与平台，契合了农产品跨地域、大流通、反季节的现实需要，产地供给增加“收储”，市场需求加大“投放”，形成产地农产品流通的“蓄水池”和“新渠道”，从而提升农产品市场运行的稳定性，促进产业链不同环节的分工协作、优势互补和一体化发展。

### （四）提高农业国际竞争力的有效手段

蔬菜和水果是我国的主要出口产品，由于仓储保鲜冷链设施建设滞后，出口比重普遍不高。在全球农业一体化进程加快的形势下，应对跨国公司的产业布局和资本渗透，突破国外质量、技术和绿色壁垒障碍，需要加快产地仓储保鲜冷链设施建设，为提高我国农业国际竞争力奠定坚实基础，在危机中育新机，于变局中开新局。

## 二、农产品仓储保鲜冷链物流设施建设的内容

新型农业经营主体根据实际需求选择建设设施类型和规模，在产业重点镇和中心村鼓励引导设施建设向田头市场聚集，可按照“田头市场+新型农业经营主体+农户”的模式，开展仓储保鲜冷链设施建设。

### （一）节能型通风贮藏库

在马铃薯、甘薯、山药、大白菜、胡萝卜、生姜等耐贮型农产品主产区，充分利用自然冷源，因地制宜建设地下、半地下贮

藏窖或地上通风贮藏库，采用自然通风和机械通风相结合的方式保持适宜贮藏温度。

### （二）节能型机械冷库

在果蔬主产区，根据贮藏规模、自然气候和地质条件等，采用土建式或组装式建筑结构，配备机械制冷设备，新建保温隔热性能良好、低温环境适宜的冷库；也可对闲置的房屋、厂房、窑洞等进行保温隔热改造，安装机械制冷设备，改建为冷库。

### （三）节能型气调贮藏库

在苹果、梨、香蕉和蒜薹等呼吸跃变型果蔬主产区，建设气密性较高、可调节气体浓度和组分的气调贮藏库，配备碳分子筛制氮机、中空纤维膜制氮机、乙烯脱除器等专用气调设备，对商品附加值较高的产品进行气调贮藏。

根据产品特性、市场和贮运的实际需要，规模较大的仓储保鲜冷链设施，可配套建设强制通风预冷、差压预冷或真空预冷等专用预冷设施，配备必要的称量、除土、清洗、分级、愈伤、检测、干制、包装、移动式皮带输送、信息采集等设备以及立体式货架。

## 三、农产品仓储保鲜冷链物流设施建设的思路

### （一）始终坚持一个目标，提升农产品产地贮藏保鲜能力

围绕乡村全面振兴的总体目标，坚持“统筹布局、突出重点，市场运作、政府引导，科学发展、创新驱动，规范实施、注重公益”的原则，以鲜活农产品主产区、特色农产品优势区和贫困地区为重点，着力保供给、减损耗、降成本、强品牌、兴产业、惠民生。力争通过“十四五”时期的持续努力，基本建立起农产品产地仓储保鲜冷链体系，使贮藏保鲜能力明显增强，农产品标准化、信息化、品牌化水平全面提升，新型经营主体市场

竞争力明显提高，产销对接更加顺畅，农民就地就近就业明显增多。

## （二）充分做好两个衔接，构建农产品产地仓储保鲜冷链平台

农产品仓储保鲜冷链设施是产地与市场的桥梁，是实现产品向商品跨越的推手。一是要与产业优势相衔接。坚持立足当前和着眼长远相结合，聚焦产业强县（市、区），选择产业发展基础好、产品特色优势强、设施需求强烈的镇乡村集中建设，体现产业优势，发挥规模效应，形成田间地头的“加工车间”“保鲜工厂”。二是要与消费需求相衔接。遵循客观规律，坚持以市场需求为导向，针对当前市场供需缺口明显的品种和产销衔接明显不畅的地区，调动新型经营主体建设的自觉性、主动性和积极性，使财政资金流向主体较强、市场急需的地方，补齐短板，融通产销，尽快形成有竞争力的仓储保鲜冷链体系。

## （三）努力实现“三化”联动，促进农产品产地仓储保鲜冷链设施高质量发展

在农产品仓储保鲜冷链设施建设中强化市场意识、应用信息技术、实施品牌战略，必将加快农业现代化进程。一是坚持市场化运营。加强新型经营主体培育，引导主体树立依托市场、顺应市场、把握市场的意识，按需经营，积极参与竞争，形成运营成本合理、产品独具特色、市场竞争力强的农产品仓储保鲜冷链发展模式。二是提升信息化水平。现代化的物流必须配套现代化的信息流。依托农产品仓储保鲜冷链设施建设，建立信息采集制度，搭建全国性信息平台，按照规范化标准化配备计量秤重、视频采集、温湿感应等设施设备，实现仓储保鲜冷链信息的自动采集、汇总处理和统一发布，为宏观决策提供数据支撑。三是加强品牌化引领。在农产品仓储保鲜冷链设施运营中培育品牌，在品牌培育中促进发展，将其打造成品牌农产品的“孵化器”。以品

牌连接农产品生产基地、仓储保鲜冷链设施和消费大市场，构建品牌营销推介平台，提高运营效率。

## （四）抓实抓好“四项建设”，夯实农产品产地仓储保鲜冷链设施基础

从产地贮藏保鲜设施入手，建立健全农产品仓储保鲜冷链体系。一是加强主体设施建设。支持县级以上示范家庭农场和农民合作社示范社配备规模适度的节能型贮藏通风库、机械冷库和气调贮藏库以及配套设施设备，补齐“最初一公里”短板。鼓励各类市场主体参与建设，共建共享共用。二是推进产地渠道建设。在产区成立流通型合作社、联合社、产销联合体或引入农业企业运营农产品仓储保鲜冷链设施，通过发展精深加工、电子商务等方式，对接批发市场、加工企业和电商平台等，形成线上线下高效对接的流通渠道。三是加快流通体系建设。鼓励新型经营主体集群集聚建设仓储保鲜冷链设施，形成田头市场，快速批量贮藏、集散和分销鲜活农产品。推动全国性、区域性产地批发市场集中改善冷藏、冷冻、预冷等冷链物流设施，完善县、乡、村各级冷链集散中心基础设施建设，并与农产品物流骨干网络连接形成完整体系，构建稳定高效的农产品出村进城平台。四是加强标准规范建设。结合资源禀赋和产业实际，健全标准体系，制定标准高、接地气、可操作、适合不同农产品和季节特点的本地化技术方案与操作规程，提升兼容性与衔接性，确保农产品仓储保鲜冷链设施功能先进、运转安全、效益良好，实现全程可监管、可追溯、可视化。

## （五）着力构建“五个机制”，保障农产品仓储保鲜冷链设施有序发展

实现农产品仓储保鲜冷链设施快速建设，需要以公共资源的重点倾斜撬动配套基础条件和互补领域环节的协同投资，突破分

散和小规模的瓶颈制约。一是健全责任机制。省级农业农村部门对本地区设施建设负总责，要抓好规划布局、目标制定、资金统筹、组织动员及督导检查等工作。地市级农业农村部门做好上下衔接、区域协调和督促检查，县级党委政府负主体责任，主要负责同志当好“总指挥”，做好建设布局、资金使用、推进实施等工作，对实施效果负责。二是落实保障机制。坚持“开源”与“整合”，各级农业农村部门要研究出台一批扶持政策，将真金白银投入建设中。统筹用好中央和地方专项支持资金，争取将扶贫资金、涉农整合资金以及专项债券统筹集中使用。推动金融机构创新产品、改善服务，对新型经营主体给予适当贴息支持。主动协调发展改革、自然资源等部门落实保鲜仓储设施用电用地扶持政策，对需要集中建设仓储保鲜冷链设施的田头市场，优先协调安排建设用地指标。三是建立管护机制。农产品仓储保鲜冷链设施要有人建、更要有人管，按照“谁所有、谁受益、谁管护”的原则，新型经营主体对其所建设施要承担相应的管护责任，实现安全运行并长期发挥效益。各级农业农村部门要加强专业指导，提升新型经营主体的规模组织能力、信息获取能力、设施维护能力和产品直销能力。四是构建服务机制。充分发挥信息采集和信息服务的双向互动作用，对设施运营主体提供管理、政策、市场、科技、电商、品牌、金融等方面信息服务，满足个性化需求，提升经营管理和抗风险能力。充分发挥行业协会的专业优势和桥梁纽带作用，开展培训、咨询、营销、品牌培育等服务，提升设施运营主体经营能力。五是强化监管机制。健全完善农产品仓储保鲜冷链设施建设内部风险防控机制，强化监督制约，加强过程管理，严格纪律约束，对倒卖补助指标、套取补助资金、搭车收费等严重违规行为，坚决查处，决不姑息。要压实实施主体直接责任，落实县级审核验收责任，建立可核查机制，全程全面公开各类信息，严格规范验收程序，确保设施质量和制度公平，努力把这项联农利农惠农的好事做好。

## 第五节　数字乡村建设发展工程

数字乡村是伴随网络化、信息化和数字化在农业农村经济社会发展中的应用，以及农民现代信息技能的提高而内生的农业农村现代化发展和转型进程，既是乡村振兴的战略方向，也是建设数字中国的重要内容。

### 一、数字乡村建设的相关政策

2018 年，《中共中央　国务院关于实施乡村振兴战略的意见》和《乡村振兴战略规划（2018—2022 年）》提出要实施数字乡村战略，大力发展数字农业。

2019 年 1 月，中央一号文件《中共中央　国务院关于坚持农业农村优先发展做好“三农”工作的若干意见》提出要实施数字乡村战略。

2019 年 5 月，中共中央办公厅、国务院办公厅印发《数字乡村发展战略纲要》，明确将数字乡村作为乡村振兴的战略方向，加快信息化发展，整体带动和提升农业农村现代化发展。

2019 年 12 月，由中央网信办信息化发展局、农业农村部市场与信息化司指导，农业农村信息化专家咨询委员会编制的《中国数字乡村发展报告（2019）》在 2019 年数字农业农村发展论坛上发布。

2020 年 1 月，中央一号文件《中共中央　国务院关于抓好“三农”领域重点工作确保如期实现全面小康的意见》提出开展国家数字乡村试点。

2020 年 1 月，农业农村部、中央网络安全和信息化委员会办公室印发《数字农业农村发展规划（2019—2025 年）》，对新时期推进数字农业农村建设的总体思路、发展目标、重点任务作出明确部署。

2020 年 5 月，中央网络安全和信息化委员会办公室、农业农村部、国家发展和改革委员会、工业和信息化部联合印发《关于印发〈2020 年数字乡村发展工作要点〉的通知》，明确了 2020 年数字乡村发展工作目标，部署了 8 个方面 22 项重点任务。

2020 年 7 月，中央网络安全和信息化委员会办公室、农业农村部、国家发展和改革委员会、工业和信息化部、科技部、国家市场监督管理总局、国务院扶贫办印发《关于开展国家数字乡村试点工作的通知》，部署开展国家数字乡村试点工作。

2021 年 7 月，中央网络安全和信息化委员会办公室秘书局、农业农村部、国家发展和改革委员会、工业和信息化部、科学技术部、国家市场监督管理总局、国家乡村振兴局综合司共同发布了《数字乡村建设指南 1.0》，文件要求在推进数字乡村建设过程中，要稳步有序推进，合理设置阶段性目标任务和工作重点，杜绝搞大融资、大拆建、大开发。

2022 年 4 月，中央网络安全和信息化委员会办公室、农业农村部、国家发展和改革委员会、工业和信息化部、国家乡村振兴局联合印发《2022 年数字乡村发展工作要点》，通知要求充分发挥信息化对乡村振兴的驱动赋能作用，加快构建引领乡村产业振兴的数字经济体系，构建适应城乡融合发展的数字治理体系，不断推动乡村振兴取得新进展，推动数字中国建设迈出新步伐。

2022 年 8 月，中央网络安全和信息化委员会办公室、农业农村部、工业和信息化部、国家市场监督管理总局印发《数字乡村标准体系建设指南》，提出了数字乡村标准体系框架，明确了

“十四五”时期数字乡村标准化建设目标、建设内容和建设路径，进一步优化标准规划布局，突出标准有效供给，强化标准应用实施，为标准化建设引领数字乡村高质量发展、助力乡村全面振兴提供了保障。

2023 年 4 月，中央网络安全和信息化委员会办公室、农业农村部、国家发展和改革委员会、工业和信息化部、国家乡村振兴局联合印发《2023 年数字乡村发展工作要点》，明确了 2023 年数字乡村建设的工作目标和重点任务。

## 二、数字乡村建设的重点任务

### （一）加快乡村信息基础设施建设

大幅提升乡村网络设施水平。加强基础设施共建共享，加快农村宽带通信网、移动互联网、数字电视网和下一代互联网发展。推进农村地区广播电视基础设施建设和升级改造。

完善信息终端和服务供给。鼓励开发适应“三农”特点的信息终端、技术产品、移动互联网应用软件（App），推动民族语言音视频技术研发应用。全面实施信息进村入户工程，构建为农综合服务平台。

加快乡村基础设施数字化转型。加快推动农村地区水利、公路、电力、冷链物流、农业生产加工等基础设施的数字化、智能化转型，推进智慧水利、智慧交通、智能电网、智慧农业、智慧物流建设。

### （二）发展农村数字经济

夯实数字农业基础。建设农业农村遥感卫星等天基设施，大力推进北斗卫星导航系统、高分辨率对地观测系统在农业生产中的应用。

推进农业数字化转型。加快推广云计算、大数据、物联网、人工智能在农业生产经营管理中的运用，促进新一代信息技术与种植业、种业、畜牧业、渔业、农产品加工业全面深度融合应用，打造科技农业、智慧农业、品牌农业。建设智慧农（牧）场，推广精准化农（牧）业作业。

创新农村流通服务体系。实施“互联网+”农产品出村进城工程，加强农产品加工、包装、冷链、仓储等设施建设。深化乡村邮政和快递网点普及，加快建成一批智慧物流配送中心。深化电子商务进农村综合示范，培育农村电商产品品牌。建设绿色供应链，推广绿色物流。推动人工智能、大数据赋能农村实体店，促进线上线下渠道融合发展。

积极发展乡村新业态。推动互联网与特色农业深度融合，发展创意农业、认养农业、观光农业、都市农业等新业态，促进游憩休闲、健康养生、创意民宿等新产业发展，规范有序发展乡村共享经济。

## （三）强化农业农村科技创新供给

鼓励农机装备行业发展工业互联网，提升农业装备智能化水平。推动信息化与农业装备、农机作业服务和农机管理融合应用。建设一批新农民新技术创业创新中心，推动产学研用合作。建立农业科技成果转化网络服务体系，支持建设农业技术在线交易市场。完善农业科技信息服务平台，鼓励技术专家在线为农民解决农业生产难题。

## （四）建设智慧绿色乡村

建立农业投入品电子追溯监管体系，推动化肥农药减量使用。加大农村物联网建设力度，实时监测土地墒情，促进农田节水。建设现代设施农业园区，发展绿色农业。建立全国农村生态系统监测平台，统筹山水林田湖草系统治理数据。强化农田土壤生态环境监测与保护。建设农村人居环境综合监测平台，强化农村饮用水水源水质监测与保护，实现对农村污染物、污染源全时全程监测。引导公众积极参与农村环境网络监督，共同维护绿色生活环境。

### （五）繁荣发展乡村网络文化

利用互联网宣传中国特色社会主义文化和社会主义思想道德。全面推进县级融媒体中心建设。推进数字广播电视户户通和智慧广电建设。推进乡村优秀文化资源数字化，建立历史文化名镇、名村和传统村落“数字文物资源库”“数字博物馆”，加强农村优秀传统文化的保护与传承。以“互联网+中华文明”行动计划为抓手，推进文物数字资源进乡村。开展重要农业文化遗产网络展览，大力宣传中华优秀农耕文化。

### （六）推进乡村治理能力现代化

推动“互联网+党建”。提高农村社会综合治理精细化、现代化水平。推动“互联网+社区”向农村延伸，提高村级综合服务信息化水平，大力推动乡村建设和规划管理信息化。依托全国一体化在线政务服务平台，推动政务服务网上办、马上办、少跑快办，提高群众办事便捷程度。

### （七）深化信息惠民服务

在改善民生方面，互联网在农村可以发挥更多作用，特别在教育和医疗方面。基于互联网，让乡村孩子能学习城里名校的课程；大力发展“互联网+医疗健康”，为广大农民享受优质医疗资源搭建平台和渠道。

### （八）激发乡村振兴内生动力

完善对农民合作社和家庭农场网络提速降费、平台资源、营销渠道、金融信贷、人才培训等政策支持。实施新型职业农民培育工程，为农民提供在线培训服务，培养造就一支爱农业、懂技术、善经营的新型职业农民队伍。因地制宜发展数字农业、智慧旅游业、智慧产业园区。创新农村普惠金融服务，改善网络支付、移动支付、网络信贷等普惠金融发展环境。

### （九）统筹推动城乡信息化融合发展

统筹发展数字乡村与智慧城市。强化一体设计、同步实施、协同并进、融合创新，促进城乡生产、生活、生态空间的数字化、网络化、智能化发展。鼓励有条件的小城镇规划先行，因地制宜发展“互联网+”特色主导产业，打造感知体验、智慧应用、要素集聚、融合创新的“互联网+”产业生态圈，辐射和带动乡村创业创新。

## 三、数字乡村建设的发展模式

数字乡村建设是一项点多面广的系统性工程，需要在深入了解和分析本地实际需求与发展现状基础上，结合建设项目特点，探索相应的建设和运营模式，实现数字乡村创新、集约、高效、可持续发展。

### （一）乡村分类建设

根据《数字乡村发展战略纲要》分类推进数字乡村建设的要求，集聚提升类、城郊融合类、特色保护类和搬迁撤并类4种类型村庄应结合自身实际，合理规划建设内容。

集聚提升类村庄是指现有规模较大的中心村和其他仍将存续的一般村庄，占乡村类型的大多数。针对该类村庄，数字乡村建设重点是加快物联网、地理信息系统、智能设备等现代信息技术与农村生产生活的深度融合，推动原有主导产业数字化转型升级，培育乡村新业态、提升乡村综合治理能力，激活产业、优化环境、提振人气、增添活力，保护保留乡村风貌，建设宜居宜业的美丽村庄。

城郊融合类村庄是指城市近郊区以及县城城关镇所在地的村

庄，具备成为城市后花园的基础，也具有向城市转型的条件。针对该类村庄，数字乡村建设重点是加快城乡产业融合发展，实现基础设施互联互通和公共服务共建共享，大力发展数字经济，推动“互联网+社区”向农村延伸，提高基本公共服务均等化水平，满足乡村居民不断提升的生活服务和消费需求。此类村庄的数字乡村建设应与智慧城市一体设计、同步实施。

特色保护类村庄是指一些具有历史文化的村庄、具有特色旅游资源的村庄以及部分少数民族特色村寨。此类型村庄生态环境优美，需要注重对自然环境和特色建筑的保护，数字乡村建设重点是改善信息基础设施，发掘独特的文化和自然景观资源，推进乡村特色资源的数字化开发利用和保护，依托互联网平台发展特色旅游和农产品销售，建设互联网特色村庄。

搬迁撤并类村庄是指位于生存条件恶劣、生态环境脆弱、自然灾害频发等地区的村庄、因重大项目建设需要搬迁的村庄以及人口流失特别严重的村庄。针对该类村庄，数字乡村建设重点是对拟迁入或新建村庄的信息基础设施与道路、住宅等同步规划、设计、建设，避免形成新的“数字鸿沟”。

### （二）建设运营模式

数字乡村建设要充分调动企业积极性，除应急、政务、安全等领域外，可引入企业参与投资和运营。建设运营模式可分为政府投资社会主体运营、政企合作建设运营、企业投资独立运营等模式。

#### 1. 政府投资社会主体运营

由政府主导，委托有资质的机构或企业开展数字乡村项目设计和建设工作，政府拥有项目资产所有权，运营工作由政府委托社会企业负责。负责企业要及时征求项目使用部门、社会公众意见，与项目建设部门做好沟通，及时调整更新应用、服务以满足使用者的需求。

此模式适用于公共服务、乡村治理等涉及多个政府部门的项目，政府需要承担一定的资金压力，具备较高的数字技术统筹管理能力。

### 2. 政企合作建设运营

一是政府和企业通过签订合同明确各自投资边界、运营分工和职责，合作开展项目建设和运营。运营过程中，政府对企业运营活动进行监管，企业通过特许经营开展有偿服务获得收入。

二是政府投资平台企业和社会资本合作共同出资组建项目公司，项目公司根据政府委托，具体负责项目融资、建设和运营。政府授予项目公司特许经营权，项目公司通过特许经营开展有偿服务获得收入。

政企合作建设运营模式可兼顾政府和企业利益诉求，合理配置市场资源，减轻政府财政投入压力，提升市场主体的参与程度。此模式适用于乡村养老、乡村医疗、智慧文体等前期需要较大投资、运营阶段盈利空间相对有限的项目，政府需要强化对企业的服务过程、服务效果和信息安全的监管能力。项目公司应在政府统一规划和相关标准规范指引下参与投资、建设和运营。

### 3. 企业投资独立运营

政府统筹数字乡村规划布局，通过政策引导社会资本参与数字乡村建设。采取“政府监督、企业主导、生态参与”方式，由单个企业或企业间合作筹措资金、开展项目建设和运营，企业拥有项目资产所有权。企业采取市场化运营模式，可采取向使用者后向收费的商业模式，也可采用向生态合作伙伴前向收费的商业模式。

此模式常见于基础通信网络建设、智慧农业、智慧旅游、智慧康养等专业化程度较高、具有一定盈利空间的非公共服务类业务领域。此模式为政府节省了大量财力、物力和人力，同时发挥了市场主体专业化运营服务优势、激活了市场主体活力。相对而言，由于企业自负盈亏、承担投资压力和经营风险，其服务质量受经营管理能力的影响，存在一定的不确定性。在该类模式下，政府对项目的掌控力度较弱，需做好市场监管，创造良好的市场经营环境，给予企业开展商业模式创新必要的政策支持。

## 第六节　村级综合服务设施提升工程

实施村级综合服务设施提升工程主要围绕以下两个方面：第一，推进“一站式”便民服务，整合利用现有设施和场地，完善村级综合服务站点，支持党务服务、基本公共服务和公共事业服务就近或线上办理；第二，加强村级综合服务设施建设和相关基础设施建设，进一步提高村级综合服务设施覆盖率，包括加强农村全民健身场地设施建设，推进公共照明设施与村内道路、公共场所一体规划建设，加强行政村村内主干道路灯建设。

### 一、推进“一站式”便民服务

推进“一站式”便民服务，离不开数字技术的升级以及在农村的应用。近年来，乡村建设中积极发挥信息技术创新的扩散效应、信息和知识的溢出效应、数字技术释放的普惠效应，着力发挥信息化在推进乡村治理体系和治理能力现代化中的基础支撑作用，如江浙等地较早推广的“最多跑一次”“不见面审批”等改革模式，推动政务服务网上办、马上办、少跑快办，提高群众办事便捷程度。基于这样的实践探索经验，政府近年来大力引导管理和服务向农村基层延伸，以构建简约高效的基层管理体制，健全农村基层服务体系。在这样的思路下，往往需要制定基层政府在村（农村社区）治理方面的权责清单，推进农村基层服务规范化标准化。然后，积极整合优化公共服务和行政审批职责，打造“一门式办理”“一站式服务”的综合服务平台，从而能够在村庄普遍建立网上服务站点，逐步形成完善的乡村便民服务体系。2019 年，中共中央办公厅和国务院办公厅联合印发的《关于加强和改进乡村治理的指导意见》明确提出，提升基层为农服务能力，为农民提供“一门式办理”“一站式服务”，构建线上线下相结合的乡村便民服务体系。将农村民生和社会治理领域中属于政府职责范围且适合通过市场化方式提供的服务事项，纳入政府购买服务指导性目录。

## 二、加强村级综合服务设施建设和相关基础设施建设

加强村级综合服务设施建设和相关基础设施建设，同样是对近年来我党积极推动的城乡基本公共服务普惠共享的继承和创新。习近平总书记指出，乡村建设，要在推进城乡基本公共服务均等化上持续发力，注重加强普惠性、兜底性、基础性民生建设。为此，《乡村建设行动实施方案》提出进一步提高村级综合服务设施覆盖率，包括加强农村全民健身场地设施建设，推进公共照明设施与村内道路、公共场所一体规划建设，加强行政村村内主干道路灯建设。加快推进完善革命老区、民族地区、边疆地区、欠发达地区基层应急广播体系，因地制宜建设农村应急避难场所，开展农村公共服务设施无障碍建设和改造。应急广播建设此次被高度重视，主要源于面对重大自然灾害、突发事件与社会安全等突发公共危机，应急广播作为一种迅速快捷的电子化、网络化信息传输通道，能在第一时间将防灾减灾、处险避险信息送达相应社会群体，从而使人民群众的生命财产损失降到最低。目前，大多数发达国家已经建立起了完备的应急广播体系。党中央、国务院高度重视应对突发事件中的应急广播工作，出台的多

部纲领性文件均提出了应急广播建设要求，2018 年 10 月，原国家新闻出版广电总局在重庆召开了全国基层应急广播工作推进会，将应急广播列为总局 2019 年重点工作，要求全国各地加快推进基层应急广播体系建设，同时还印发了《全国应急广播体系建设总体规划》；2022 年中央一号文件则在乡村建设中明确提出统筹推进应急管理与乡村治理资源整合，推进农村应急广播主动发布终端建设。

## 第七节　农房质量安全提升工程

2021 年 4 月，住房和城乡建设部、财政部、民政部、国家乡村振兴局联合印发《关于做好农村低收入群体等重点对象住房安全保障工作的实施意见》，对新时期做好农村住房安全保障工作作出相应部署。同年 6 月，住房和城乡建设部、农业农村部、国家乡村振兴局联合印发《关于加快农房和村庄建设现代化的指导意见》，从提升乡村建设水平的角度对加快推进农房和村庄建设现代化，提高农房品质也作了相应的安排。下面将围绕乡村建设活动中实施农房质量安全提升工程的工作原则、工作方式、推动机制进行简要介绍分析。

### 一、工作原则

#### （一）安全为本

不论是针对农村低收入群体等重点对象的住房安全问题，还是针对农村房屋安全隐患问题排查以及建设，抑或在农村住房质量监管方面，都要以保障农村居民住房安全为根本。基于此，可以建立农房定期体检制度，加强日常维修管护，推进农村危房改造和农房抗震改造，加强质量安全技术指导与监督管理，及时消除房屋安全隐患。在新建住房的时候，坚持“避害”的选址原则。新建农房要避开自然灾害易发地段，合理避让山洪、滑坡、泥石流、崩塌等地质灾害危险区，不在陡坡、冲沟、泛洪区和其他灾害易发地段建房。

### （二）因地制宜

针对低收入群体的住房安全问题，各地根据实际情况确定住房保障方式、建设标准等，指导农户采取多种方式保障住房安全，就地取材降低建设成本。此外，因地制宜推进住房其他设施改善，如农村生活污水处理。乡村宜采用小型化、生态化、分散化的污水处理模式和处理工艺，合理确定排放标准，推动农村生活污水就近就地资源化利用。因地制宜推进供水入农房，提高农村供水安全保障能力。因地制宜改善供水条件，依据给水规模合理确定供水模式、给水水压、管材管件等。保证乡村水源地的清洁安全，有条件的地方可将靠近城镇的村庄纳入城镇供水体系。

### （三）农户主体

农户是实现其住房安全的责任主体，对于发现的房屋安全隐患，应提出危房改造申请并组织实施。实施危房改造的农户应充分参与改造方案选择、筹措资金、投工投劳、施工过程质量监督与竣工验收等全过程。在坚持农户主体的同时，更需要积极完善公共服务设施。由政府组织盘活利用闲置农房提供公共活动空间，降低公共建筑建设成本，拓展村民公共活动场所的提供渠道。鼓励村庄公共活动场所综合利用，室外公共场所可兼做集市集会、文体活动、农作物晾晒与停车等用途。村庄道路及其他基础设施应满足村民的生产生活需求。

### （四）提升质量

保障农村低收入群众住房安全，统筹提升农房居住功能和建筑风貌，正是巩固拓展脱贫攻坚成果，改善农村低收入群体等重点对象住房条件和居住环境，接续推进乡村全面振兴的重要体现。质量不仅仅体现在安全上面，而且可以推广应用太阳能光热、光伏等技术和产品，推动村民日常照明、炊事、采暖制冷等用能向绿色低碳转型。推进燃气下乡，支持建设安全可靠的乡村储气罐站和微管网供气系统。推动既有农房节能改造。

### （五）环境友好

农房和村庄建设要尊重山水林田湖草等生态脉络，坚持生态友好、环境友好与邻里友好，注重与自然和农业景观搭配互动，不挖山填湖、不破坏水系、不砍老树，顺应地形地貌。农房建设要与环境建设并举，注重提升农房服务配套和村庄环境，鼓励新建农房向基础设施完善、自然条件优越、公共服务设施齐全、景观环境优美的村庄聚集。农房布局要利于促进邻里和睦，尽量使用原有的宅基地和村内空闲地建设农房，营建左邻右舍、里仁为美的空间格局，形成自然、紧凑、有序的农房群落。积极推动农村用能革新，发展绿色能源、清洁能源。引导农村不断减少低质燃煤、秸秆、薪柴直接燃烧等传统能源使用，鼓励使用适合当地特点和农民需求的清洁能源。

## 二、工作方式

### （一）农户自筹资金为主、政府予以适当补助方式

以农户自筹资金为主、政府予以适当补助的方式实施危房改造，是农村低收入群体等重点对象住房安全保障的主要方式。符合条件的保障对象可纳入农村危房改造支持范围，根据房屋危险程度和农户改造意愿选择加固改造、拆除重建或选址新建等方式解决住房安全问题。对于已实施过农村危房改造但由于小型自然灾害等原因又变成危房且农户符合条件的，有条件的地区可将其再次纳入支持范围，但已纳入因灾倒损农房恢复重建补助范围

的，不得重复享受农村危房改造支持政策。

### （二）鼓励各地采取统建农村集体公租房、修缮加固现有闲置公房

鼓励各地采取统建农村集体公租房、修缮加固现有闲置公房等方式，供自筹资金和投工投劳能力弱的特殊困难农户周转使用，解决其住房安全问题。村集体也可以协助盘活农村闲置安全房屋，向符合条件的保障对象进行租赁或置换，地方政府可给予租赁或置换补贴，避免农户因建房而返贫致贫。

### （三）引导不达标住房重建或改造

7 级及以上抗震设防地区住房达不到当地抗震设防要求的，引导农户因地制宜选择拆除重建、加固改造等方式，对抗震不达标且农户符合条件的农房实施改造。

## 三、推动机制

### （一）加强协调联动和数据互通共享

各地住房和城乡建设部门要与乡村振兴、民政等部门加强协调联动和数据互通共享，健全完善农村低收入群体等重点对象住房安全动态监测机制。对于监测发现的住房安全问题要建立工作台账，实行销号制度，解决一户，销号一户，确保所有保障对象住房安全。

### （二）加强农房与村庄建设管理

探索建立乡村建设工匠培养和管理制度，加强管理和技术人员培训，充实乡村建设队伍，建立行政区域内技术帮扶机制，帮助技术力量薄弱的地区落实农村房屋安全性鉴定等相关技术要求，确保鉴定结果准确。因地制宜编制符合安全要求及农民生活习惯的农房设计通用图集，免费提供农户参考，引导农户选择低成本的改造方式。加强施工现场巡查与指导监督，及时发现问题并督促整改，指导做好竣工验收，确保改造后的房屋符合安全要

求。建立农村房屋设计、审批、施工、验收、使用等全过程管理制度，规范村庄设计与农房设计、建设、使用的行政程序管理，明确责任主体，做到有人管、有条件管、有办法管。全方位实施职、责、权一体化模式，建立责任追究机制，按照“谁审批、谁监管、谁负责”的原则，确保房屋质量安全。

### （三）积极提升农房建设品质

在确保房屋基本安全的前提下，以实施乡村建设行动、接续推进乡村全面振兴为目标加强农房设计，提升农房建设品质，完善农房使用功能。农房建设要先精心设计，后按图建造。要统筹主房、辅房、院落等功能，精心调配空间布局，满足生产工具存放及其他需求。提炼传统建筑智慧，因地制宜解决日照间距、保温采暖、通风采光等问题，促进节能减排。要适应村民现代生活需要，逐步实现寝居分离、食寝分离和净污分离。新建农房要同步设计卫生厕所，因地制宜推动水冲式厕所入室。鼓励设计建设无障碍设施，充分考虑适老化功能需求。新建农房的地基基础、结构形式、墙体厚度、建筑构造等要适应当地经济发展水平和建筑施工条件，满足质量安全及抗震设防要求。鼓励就地取材，利用乡土材料，推广使用绿色建材。鼓励选用装配式钢结构等安全可靠的新型建造方式。

### （四）营造留住“乡愁”的环境，提升村容村貌

建立村庄历史文化遗产调查评估机制，充分挖掘和保护传承村庄物质和非物质文化遗存，保护并改善村落的历史环境和生态环境。农房建设要尊重乡土风貌和地域特色，精心打造建筑的形体、色彩、屋顶、墙体、门窗和装饰等关键要素。传统村落中新建农房要与传统建筑、周边环境相协调，营建具有地方特色的村庄环境。提炼传统民居特色要素，传承优秀传统建筑文化。提升传统民居空间品质，改善传统民居室内照明条件，保证传统民居

房屋结构安全和消防安全。鼓励结合发展民宿、旅游等产业，进一步加强传统村落和传统民居保护与利用。以农房为主体，利用古树、池塘等自然景观和牌坊、古祠等人文景观，营造具有本土特色的村容村貌。保护村庄固有的乡土气息，鼓励宅前屋后栽种瓜果梨桃，构建“桃花红、李花白、菜花黄”的自然景观，营造“莺儿啼、燕儿舞、蝶儿忙”的乡村生境。保持村内街巷清洁，做到无断壁残垣、无乱搭乱建、无乱埋乱倒、无乱堆乱放，构建干净、整洁、有序的乡村空间。重视村庄公共活动空间的布局和建设，统领乡村容貌特色。

### （五）积极加强监督和激励引导

各地要落实保障对象公示制度，将保障对象基本信息和各审查环节的结果在村务公开栏进行公示，强化群众监督作用。加强补助资金使用监管，及时拨付补助资金，主动接受纪检监察、审计和社会监督，坚决查处挪用、冒领、克扣、拖欠补助资金和索要好处费等违法违规违纪行为。继续执行年度绩效评价与督查激励制度，充分发挥其正向激励作用，提升农村低收入群体住房安全保障工作实效。

# 第五章 提升公共服务水平

## 第一节 农村教育

### 一、优先补齐义务教育办学短板

义务教育是根据法律规定，适龄儿童和青少年都必须接受，国家、社会、家庭必须予以保证的国民教育。其实质是国家依照法律的规定对适龄儿童和青少年实施的一定年限的强迫教育的制度。义务教育又称强迫教育和免费义务教育，具有强制性、普及性、免费性、基础性。

在全面深化新时代教育评价改革及推进高考综合改革前提下，继续实施义务教育薄弱环节改善与能力提升工作，聚焦乡村振兴和新型城镇化发展，坚持因地制宜、实事求是、规模适度的原则，统筹义务教育学校布局结构调整。以义务教育优质均衡创建为契机，促进学校布局规划建设与人口流动趋势相协调，有序增加城镇学位供给，配齐配足音体美劳等设施设备，持续提升教育信息化应用水平。鼓励建设乡村寄宿制学校，支持并办好必要的乡村小规模学校。同时做好易地扶贫搬迁后续教育扶持工作，完善相应教育配套设施，确保搬迁户义务教育适龄儿童、少年就近入学。

## 二、提高普惠性学前教育质量

党的十八大以来，我国学前教育普及普惠水平大幅提升。2021 年，全国有幼儿园 29.5 万所，普惠性幼儿园覆盖率达到 87.8%，比 2016 年提高 20.5 个百分点。

提高普惠性学前教育质量，应以学前教育普及普惠县创建为契机，持续加大学前教育财政投入，改善提升办园条件。通过招聘特岗教师补充师资力量、实施幼儿教师 7 项技能达标培训等措施，加强幼儿教师队伍建设，深化幼儿园内涵管理，提高办园质量，促进学前教育硬件、软件“双达标”“双提升”。

## 三、巩固提升高中阶段教育普及水平

深化新时代教育评价改革及推进高考综合改革落实，立足高中阶段教育现实基础，重视普高、职高协调发展，保障家庭经济困难学生、残疾学生和随迁子女等特殊群体接受高中阶段教育机会。引导更多初中毕业生接受高中阶段教育，有效减轻群众负担。继续落实招生职普分流政策，稳步扩大中职招生规模，推进“双师型”教师队伍建设高质量发展，提升职教办学效应。指导县职教中心围绕县域产业发展设置专业，建立面向“三农”和职业农民技能专题培训机制，逐步打造产教融合基地。

## 四、巩固拓展乡村教师队伍建设成果

落实特岗教师招聘计划，推动特岗计划全部用于补充乡村教师队伍。继续推进校（园）长和教师交流轮岗，建立城乡教师巡回支教和跟岗学习制度，引导城镇优秀教师、校长向乡村学校、薄弱学校流动。继续落实好中小学校、幼儿园教师“国培计划”，重点支持农村义务教育学校、幼儿园骨干教师及校

(园）长的深度培训。

### 五、强化职教与农技发展相融合

积极提升职业教育基础能力，建立与县域产业发展相匹配、与乡村振兴相适应的技术技能人才培养体系，形成“下得去、留得住、用得上”的实用型人才。引导职业教育中心以围绕发展现代农业、现代服务业、地方主导产业、战略性新兴产业为目标的办学思路，建设一批符合地域发展特色的专业和专业人才群，以办班、现场观摩的流动服务培训等方式，开展农村实用技术培训，主动为农村劳动力向技能型务工转移开展专题培训。

## 第二节　医疗卫生

目前，我国县乡村三级医疗卫生体系网络基本健全。截至2021年年底，全国2 844个县（区、市）、2.96万个乡镇、49.0万个行政村共设县级医院1.7万个，乡镇卫生院3.5万个，村卫生室59.9万个。今后，应着眼提升县域医疗服务能力和水平，做好以下工作。

### 一、优化机构布局

根据乡村形态变化和人口迁徙流动情况，因地制宜合理配置乡、村两级医疗卫生资源，宜乡则乡、宜村则村，从注重机构全覆盖转向更加注重服务全覆盖。重点支持建设一批能力较强、具有一定辐射和带动作用的中心乡镇卫生院，确有需要的可以在县城之外选建1~2个中心乡镇卫生院，使其基本达到县级医院服务水平。建好用好村卫生室，不适宜单设卫生室的行政村，可以通过邻村合建卫生室、乡镇卫生院定期巡诊、派驻以及邻

（联）村延伸服务等方式，保障基本医疗卫生服务供给。

## 二、强化拓展服务功能

健全以县级医院为龙头、乡镇卫生院为枢纽、村卫生室为基础的乡村医疗卫生服务体系。县级医院重点是提高常见病、多发病和慢性病诊疗以及危急重症患者抢救和疑难复杂疾病向上转诊服务能力，力争常住人口超过 5 万人或服务半径大的县（市、旗）至少有 1 所县级医院（包含中医院）达到二级甲等医院医疗服务能力。乡镇卫生院重点是全面提升防病治病和健康管理能力，鼓励拓展服务功能，健全急诊急救和巡诊服务体系，可以按照相关诊疗规范开展常规手术。村卫生室重点是加强能力建设，强化其基本医疗服务功能。

## 三、加强疾病预防控制能力建设

创新医防协同、医防融合机制，制定完善乡村医疗卫生机构公共卫生责任清单。加强县域传染病防控救治体系和应急处置能力建设，强化村卫生室基本公共卫生服务功能，严格落实传染病疫情报告责任，提高风险隐患早期识别能力，筑牢农村疾病预防控制网底。

## 四、提升信息化水平

完善区域全民健康信息标准化体系，到 2025 年统筹建成县域卫生健康综合信息平台。大力推进“互联网+医疗健康”，构建乡村远程医疗服务体系，推广远程会诊、预约转诊、互联网复诊、远程检查，加快推动人工智能辅助诊断在乡村医疗卫生机构的配置应用。

## 第三节　农村养老服务

我国自1999年年底步入人口老龄化阶段，养老问题日益成为人们普遍关注的重大社会问题。解决养老问题关系经济社会发展全局，关系老百姓福祉。解决中国养老问题的关键、重心在农村，突破口也在农村。近年来，我国把农村养老服务发展纳入乡村振兴战略进行统筹谋划，持续加大农村养老服务体系建设投入，养老服务扶持政策、财政资金和资源进一步向农村倾斜，各方面发展均取得显著成效。养老服务制度体系基本成型、养老设施建设取得重要进展、农村养老服务模式不断创新、养老服务队伍建设得到加强、养老服务市场活力得到有效激发，基本形成了以家庭养老为基本方式，以特殊困难老年人为服务保障重点，以互助养老服务为创新方向，面向全体农村老年人不断拓展服务的农村养老服务发展格局。

### 一、依托社区协同多元力量推进农村养老服务供给

农村社区养老是在农村社区范围内，以家庭养老为基础，以社区照顾为主体，以集体组织为支撑，集合社区内多元化力量所形成的嵌入式养老模式。它有效整合了家庭和社会的养老功能，聚合社区力量，具有养老“离家不离村”的优势。中共中央、国务院《关于加强新时代老龄工作的意见》强调，“提升社区养老服务能力，着力发展街道（乡镇）、城乡社区两级养老服务网络，依托社区发展以居家为基础的多样化养老服务”。为落实“十四五”规划纲要提出的“整合利用存量资源发展社区嵌入式养老”的要求，建议应当由政府主导，依托农村内生村治组织，嵌入外部社会组织，整合城乡资源，协同政府、市场、社会力

量，构建农村社区养老共同体。同时应用新兴信息技术，培育创新智慧养老，合力推进农村社区养老服务供给。

## 二、充分发挥政府在推进农村社区养老服务供给中的作用

推进农村社区养老服务供给，是实施乡村振兴战略、促进城乡融合发展的基础一环，也是补齐民生短板，实现农村高质量发展的核心要务。本着农村与城市养老服务协调发展的总基调，要充分发挥政府在推进农村社区养老服务供给中的作用。

首先，结合乡村建设和规划，做好农村社区养老的规划和顶层设计。要突出规划的前瞻性与务实性，构建覆盖国家、省、市、县、乡的上下衔接的农村社区养老服务建设专项规划体系。

其次，要给予农村社区养老服务倾斜性的政策和制度支持。以需求为导向，适度降低农村社区养老服务准入门槛。通过土地、税收、财政、金融、人才以及产业等优惠扶持政策措施，引导支持各类主体积极参与农村社区养老服务供给。大力培育老年协会等农村社区为老服务社会组织，强化农村老年人社会支持体系建设。盘活闲置农宅，鼓励农村集体建设用地优先用于发展养老服务。同时，加快建立农村养老服务领域公共财政的长效性投入机制、预算动态增长机制和绩效评估机制，逐步提高农村社区养老服务设施的建设运营补贴水平和质量。

再次，要强化农村社区养老服务监督管理。规范养老市场秩序，坚守养老服务质量和安全红线，切实消除各类质量和安全隐患。需要健全养老服务质量标准体系，有序推进等级划分与评定、服务质量、服务安全等养老服务国家强制性标准贯彻落实。完善农村社区养老服务领域跨部门协同综合监管机制、第三方评估机制和社会信用体系建设。

最后，着眼于农村养老服务的公共性和公益性，政府应发挥

好兜底保障作用。不仅要健全农村普惠性、保障性养老工程，兜底保障经济困难、失能、半失能、高龄老人养老服务的可获得性，也要对社区养老服务供给的持续性、适当性承担担保责任，确保养老服务不中断。

## 三、整合城乡要素资源，形成农村社区养老合力

要强化资源优化整合，健全农村社区及村治组织与外部社会组织、社会工作者、社会志愿者、慈善组织、城市社区养老组织等主体的多方联动机制，构建农村社区养老共同体。

第一，发挥村“两委”和农村集体经济组织的组织优势，促进乡村治理与社区养老服务协同联动，将农村社区养老服务发展有机融入乡村振兴战略实施和基层社会治理体系现代化建设。一方面，把农村社区养老服务发展列入村“两委”工作的考核内容和乡村振兴评估指标体系；另一方面，引导鼓励有条件的农村集体经济组织适度预留一定的集体股，专项用于发展农村社区养老，服务集体成员，增强养老服务发展的可持续性。

第二，嵌入外部社会组织，整合引进城市资源，提升农村社区养老服务的专业性。首先，依托专业社工组织和社会工作者，建立社区嵌入型小微养老机构，就近为老人提供专业的养护、康复、托管等一站式服务，并将其作为整合社会资源的枢纽。其次，有条件的地区可以探索开展城乡社区养老共建活动。推动城市养老服务资源和社会工作资源向农村延伸，促进城乡融合协同发展。再次，重视发挥第三次分配作用，创新慈善机制，引入慈善力量，有序开展农村社区养老公益项目。最后，以乡村建设行动为抓手，着力孵化农村内生力量，大力培育老年协会等农村为老服务的社会组织。

第三，多措并举盘活农村土地、劳动力、产业等内部养老资

源，激发农村社区养老内生动力。整合村内闲置农宅和集体建设用地等资源，完备社区养老服务场所和设施。利用村内留守妇女、健康低龄老年人、返乡人员等人力资源优势，发挥党员和志愿者的引领作用，依托“时间银行”“爱心超市”等多种创新手段，通过规范化培训，使其参与社区养老互助服务。统筹开发农业产业资源与农村社区养老资源，推动农业产业链和农村养老产业链的融合延伸。

## 四、借力新兴信息技术，智慧赋能农村社区养老

我国农村社区智慧养老需要在借鉴城市经验的基础上，综合考量农村地区的经济发展、基础设施、互联网普及度等多方面影响因素，积极探索研究适合各地农村经济、社会、文化特点的本土化智慧养老模式和产品，为老年人提供多方位的个性化和精细化养老服务。

第一，农村社区智慧养老是一个复杂的系统工程，涉及准入机制、评估机制、监督机制等诸多方面，需要预先对相关制度予以顶层设计，同时着手建立规范的农村智慧养老服务标准体系。智慧养老实施中会涉及老年人权益保护、法定监护人授权及权利让渡，相关主体责任划分等诸多问题，也需要予以明确。

第二，建立数据整合信息共享机制。农村社区智慧养老的实施，离不开对分散数据资源的有效整合和共享利用。需要依托政府民政管理部门建立涵盖各参与主体基本信息的收集和整合、动态信息的监测和处理、综合信息的利用与反馈等机制，以实现数据有效采集、传输、存储、管理、监控和统计分析，优化农村智慧养老方案，精准匹配对接城乡养老服务资源供给与农村社区养老服务需求。

第三，依托乡村振兴战略实施，推进农村信息化建设，尤其

是智慧养老信息基础设施建设。提升无线网络的使用率和普及率，开发符合农村社区养老实际的智慧养老网络平台及技术。完善多层次的农村智慧养老财税、金融支持体系。强化对农村社区相关人员的培训，尤其要着力提升农村老年人对科技和网络产品的认知与接受能力，帮助其跨越“银色数字鸿沟”。

# 第六章 促进就近就地就业

## 第一节　发展乡村产业

### 一、做强现代种养业

种养业既是乡村产业的基础，也是保障粮食等重要农产品供应的关键所在。做强现代种养业，应逐步形成以种养业为基础，以“种养结合、以养促种、创富共赢”的生态种养产业体系，推动乡村产业现代化融合发展。

#### （一）创新产业组织方式

创新产业组织方式，推动种养业向规模化、标准化、品牌化和绿色化方向发展，延伸拓展产业链，增加绿色优质产品供给，不断提高质量效益和竞争力。

#### （二）巩固提升粮食产能

持续提高农业综合生产能力，巩固提升粮食产能，全面落实永久基本农田特殊保护制度，加强高标准农田建设，强化粮食生产功能区和重要农产品生产保护区建设，确保国家粮食安全和重要农产品有效供给。

#### （三）有序推进养殖业生产

加强生猪等畜禽产能建设，提升动物疫病防控能力，推进奶业振兴和渔业转型升级。

### （四）发展经济林和林下经济

经济林是森林资源的重要组成部分，是集生态、经济、社会效益于一身，融一二三产业于一体的生态富民支撑产业。林下经济是指以林地资源、林下空间和森林生态环境为基础，在林下空间发展种植业、养殖业、相关产品采集加工业和森林旅游业，包括林下产业、林中产业、林上产业，以提高林地生产率、劳动生产率、资金利用率。大力发展经济林和林下经济是把绿水青山变成金山银山最有效、最直接的途径之一。

## 二、做精乡土特色产业

乡土特色产业是从农民手工艺改造提升出来的乡村产业。各地要因地制宜发展多样化特色种养，加快发展特色食品、特色制造、特色建筑、特色手工业等乡土特色产业。

### （一）发掘一批乡土特色产品

以资源禀赋和独特历史文化为基础，有序开发特色资源，做精乡土特色产业，因地制宜发展小宗类、多样性特色种养，加强地方小品种种质资源保护和开发，充分挖掘农村各类非物质文化遗产资源，保护传统工艺，开发一批乡土特色产业。

### （二）建设一批特色产业基地

围绕特色农产品优势区，积极发展多样化特色粮、油、薯、果、菜、茶、菌、中药材、养殖、林特花卉苗木等特色种养，推进特色农产品基地建设，支持建设规范化乡村工厂、生产车间，全面提升特色农业的绿色化、标准化、品牌化发展水平。

### （三）打造一批特色产业集群

开发人无我有、人有我优、人优我特的特色优势资源，创建“一村一品”示范村镇，打造乡土特色产业品牌化、集群化发展平台载体，推进整村开发、一村带多村、多村连成片，厚植区域经济发展新优势，不断将资源优势转化为产业优势、产业优势转化为经济优势。

### （四）创响一批乡土特色品牌

按照“有标采标、无标创标、全程贯标”要求，制定不同区域不同产品的技术规程和产品标准，发掘一批乡村特色产品和能工巧匠，创响“独一份”“特别特”“好中优”的“土字号”“乡字号”特色产品品牌。

## 三、提升农产品加工流通业

农产品加工业是指以农、林、牧、渔产品及其加工品为原料所进行的工业生产活动。农产品加工流通作为连接农业生产和消费的桥梁，具有衔接供需、连接城乡、引导生产、促进消费的功能。

### （一）创新农产品流通模式

创新农产品流通模式，完善以农产品批发市场或龙头生产加工企业为核心的农产品流通模式，在实现“农超对接”的基础上，引导“农餐对接”“农校对接”等多种方式良性发展，积极推动农产品电子商务等新型流通模式的发展和应用。

### （二）创新流通业态

创新流通业态，鼓励大型电商企业和农产品流通企业积极对接、融合，促进农产品连锁超市等流通业态健康发展，打造扁平化的农产品流通模式。

### （三）加快农产品流通体系建设

加大对农产品流通基础设施的投入，重视关键流通节点的建设。提高农产品流通技术，加大对农产品流通加工技术、保鲜技术、冷链物流等现代农产品流通作业技术的应用，有效降低农产品在流通作业环节的损耗。加快构建农产品综合信息服务平台，及时发布和共享农产品服务信息，逐步优化农业生产结构，不断提高农业综合生产能力。

## 四、优化乡村休闲旅游业

乡村休闲旅游业是农业功能拓展、乡村价值发掘、业态类型创新的新产业，横跨一二三产业、兼容生产生活生态、融通工农城乡，发展前景广阔。

### （一）建设乡村休闲旅游重点区

依据自然风貌、人文环境、乡土文化等资源禀赋，建设特色鲜明、功能完备、内涵丰富的乡村休闲旅游重点区。包括建设城市周边乡村休闲旅游区、建设自然风景区周边乡村休闲旅游区、建设民俗民族风情乡村休闲旅游区和建设传统农区乡村休闲旅游景点。

### （二）开发乡村休闲旅游业态和产品

乡村休闲旅游要坚持个性化、特色化发展方向，以农耕文化为魂、美丽田园为韵、生态农业为基、古朴村落为形、创新创意为径，开发形式多样、独具特色、个性突出的乡村休闲旅游业态和产品。

### （三）建设休闲旅游精品景点

实施乡村休闲旅游精品工程，加强引导，加大投入，建设一批休闲旅游精品景点。

以县域为单元，依托独特自然资源、文化资源，建设一批设施完备、业态丰富、功能完善，在区域、全国乃至世界有知名度和影响力的休闲农业重点县。依托种养业、田园风光、绿水青山、村落建筑、乡土文化、民俗风情和人居环境等资源优势，建设一批天蓝、地绿、水净、安居、乐业的美丽休闲乡村，实现产村融合发展。鼓励有条件的地区依托美丽休闲乡村，建设健康养生养老基地。根据休闲旅游消费升级的需要，促进休闲农业提档升级，建设一批功能齐全、布局合理、机制完善、带动力强的休闲农业精品园区，推介一批视觉美丽、体验美妙、内涵美好的乡村休闲旅游精品景点线路。引导有条件的休闲农业园建设中小学生实践教育基地。

## 五、培育乡村新型服务业

乡村新型服务业是适应农村生产生活方式变化应运而生的产业，业态类型丰富，经营方式灵活，发展空间广阔。乡村新型服务业包括生产性服务业和生活性服务业。

### （一）提升生产性服务业

扩大服务领域。适应农业生产规模化、标准化、机械化的趋势，支持供销、邮政、农民合作社及乡村企业等，开展农技推广、土地托管、代耕代种、烘干收储等农业生产性服务，以及市场信息、农资供应、农业废弃物资源化利用、农机作业及维修、农产品营销等服务。

提高服务水平。引导各类服务主体把服务网点延伸到乡村，鼓励新型农业经营主体在城镇设立鲜活农产品直销网点，推广农超、农社（区）、农企等产销对接模式。鼓励大型农产品加工流通企业开展托管服务、专项服务、连锁服务、个性化服务等综合配套服务。

### （二）拓展生活性服务业

丰富服务内容。改造提升餐饮住宿、商超零售、美容美发、洗浴、照相、电器维修、再生资源回收等乡村生活服务业，积极发展养老护幼、卫生保洁、文化演出、体育健身、法律咨询、信息中介、典礼司仪等乡村服务业。

创新服务方式。积极发展订制服务、体验服务、智慧服务、共享服务、绿色服务等新形态，探索“线上交易+线下服务”的新模式。鼓励各类服务主体建设运营覆盖娱乐、健康、教育、家政、体育等领域的在线服务平台，推动传统服务业升级改造，为乡村居民提供高效便捷服务。

## 六、发展乡村信息产业

### （一）发展农村电子商务

培育农村电子商务主体。引导电商、物流、商贸、金融、供销、邮政、快递等各类电子商务主体到乡村布局，构建农村购物网络平台。依托农家店、农村综合服务社、村邮站、快递网点、农产品购销代办站等发展农村电商末端网点。

扩大农村电子商务应用。在农业生产、加工、流通等环节，加快互联网技术应用与推广。在促进工业品、农业生产资料下乡的同时，拓展农产品、特色食品、民俗制品等产品的进城空间。

改善农村电子商务环境。实施“互联网+”农产品出村进城工程，完善乡村信息网络基础设施，加快发展农产品冷链物流设施。建设农村电子商务公共服务中心，加强农村电子商务人才培养，营造良好市场环境。

### （二）全面推进信息进村入户

围绕信息进村入户工程进行系统部署，加快推进网络基础设施建设、打造5G精品网络，推动农村无线通信网络从4G向5G演进，使信息技术与乡村振兴紧密结合，更好地解决农业生产中的产前、产中和产后问题，让农民能充分享受到便捷、经济、高效的生活信息服务。

### （三）打造一体化现代互联网农业产业园

互联网农业产业园是以互联网技术为中心，对农业的信息技术进行综合，把感知、传输、控制、作业一体化，打造一个标准化、规范化的农业产业园，这样不仅节省了人力成本，也提高了品质控制能力，增强了对自然风险的抗御能力。

## 第二节　提升农业经营管理水平

### 一、农业产业化经营

#### （一）农业产业化经营的概念

从农业经营层次上看，从事农业某生产环节经营的企业，总是追求自身利益的最大化，而分散、孤立、狭小、保守的农户家庭经营，只能通过市场交易，获得利润低微的初级产品的市场价格，与农业企业化经营相比，始终处于不利的竞争地位。

农业产业化经营是建立在农业产业劳动分工高度发达基础上的、更高层社会协作的经营方式。具体来说，农业产业化经营就是用管理现代工业的办法来组织现代农业的生产和经营。它以国内外市场为导向，以提高经济效益为中心，以科技进步为支撑，围绕支柱产业和主导产品，优化组合各种生产要素，对农业和农村经济实行区域化布局、专业化生产、一体化经营、社会化服务、企业化管理，形成以市场牵龙头、龙头带基地、基地连农户，集种养加、产供销、内外贸、农科教为一体的经济管理体制和运行机制。农业产业化经营是引导分散农户的小生产进入社会化大生产的一种组织形式，是多元参与主体自愿结成的利益共同体，也是市场农业的基本经营方式。

农业产业化经营与一般农业（企业化）经营的主要区别在于：前者是由农业产业链条各个环节上多元经营主体参加的、以共同利益为纽带的一体化经营实体；而后者的经营范围则只限于农业产业链中某一环节；前者在农业产业化经营组织内部，农民与其他参与主体一样，地位平等，共同分享着与加工、销售环节大致相同的平均利润，而后者是独立经营，自负盈亏。

### （二）农业产业化经营的组织模式

从经营内容、参与主体和一体化程度上看，农业产业化经营模式可分为以产销合同为纽带的产加销一体化经营模式和以产权关系为纽带的农工商一体化经营模式两大类型。前者为松散型，后者属紧密型。根据龙头企业和所带动的参与者的不同，具体可分为以下6种类型。

#### 1. 龙头企业带动型（公司+基地+农户）

龙头企业带动型的农业产业化经营是由一个或几个农产品加工企业或营销性公司作为龙头，与农户通过契约关系，建立起相对稳定的经济联系，结成产加销一体化经营组织。其基本形式是“龙头企业+农户”，其衍生形式有“龙头企业+基地+农户”“龙头企业+合作社+农户”“龙头企业+专业协会+农户”等。其特点是：龙头企业与农产品生产基地和农户结成贸工农一体化经营系统；利益联结方式是根据产销合同订购或实行保护价收购；农户按合同规定，定时定量向企业交售优质产品等。

#### 2. 中介组织带动型（中介组织+农户）

中介组织带动型的农业产业化经营模式是将从事统一农业生产项目的若干农户按照一定的章程联合起来，组建多种形式的农民专业合作经济组织，如蔬菜专业协会、养鸡协会、葡萄专业合作社、花卉销售合作社等，在这些中介组织的带动下，进行农产品产、加、销一体化经营的农业产业化经营模式。在这种产业化经营的组织形式下，经济利益主体主要是中介组织与农户两方。他们之间的经济利益通过组织章程及合同连接起来。中介组织的盈余，在提取一定积累后，一部分按交易量返还给成员，另一部分按成员入社股金进行分红。

### 3. 市场带动型（专业市场+农户）

市场带动型是以专业市场或专业交易中心为依托，形成商品流通中心、信息交流中心和价格形成中心，带动区域专业化生产，实行农产品的产、加、销一体化经营，从而扩大生产规模，形成产业优势，节省交易成本，提高营运效率。其运行基本原则：一是因地制宜；二是建管并重；三是宏观调控。

### 4. 合作经济组织带动型（农民专业合作社或专业协会+农户）

专业合作经济组织带动型是农民自己创办专业合作社或专业协会等合作经济组织，使其在农业产业化经营中为农民提供产前、产中及产后的多种服务，一方面为入社农户统一提供生产资料、信息、服务，帮助农户解决生产资金；另一方面组织入社农户统一生产、统一加工、统一包装、统一价格销售，参与专业化、商品化的农业生产经营，解决了个体农户分散生产、实力弱小、进入市场渠道不畅的问题。

### 5. 科技带动型（科研单位+农户）

科技带动型的农业产业化经营模式是以科技单位为龙头，以先进技术的推广应用为核心，在科技龙头的带动下，实现农产品产、加、销一体化经营的农业产业化经营模式。在这种农业产业化经营的组织形式下，主要的利益主体是科研单位与农户两方。在这种组织模式中，收益按比例分成。

### 6. 主导产业带动型（主导产业+农户）

主导产业带动型农业生产化经营模式是从利用当地资源，发展特色产业和优势产品出发，发展“一乡一业”“一村一品”或“数村一品”，形成生产、加工、销售一体化经营的农业产业集群或产业价值链。在这一产业化经营组织形式下，农产品加工者、营销者与生产者（农户）之间的连接关系是相当松散的，他们之间没有成文的合同约束，互相之间的经济利益是靠市场交换联系起来的，从相互之间的公平买卖、等价交换中，实现了各自的经济利益。

由此可见，可供选择的农业产业化经营模式类型多样，农业企业应因地制宜地选择适合自己的经营模式，并在市场化、产业化的发展过程中不断创新完善。

### （三）农业产业化经营的组织实施

实施农业产业化经营，应重点抓好以下 5 个关键环节。

#### 1. 因地制宜，确定区域特色优势产业

市场经济条件下，区域主导产业的确定是实施农业产业化经营的重要前提。确定主导产业要遵循因地制宜、扬长避短的原则，以市场为导向，立足本地的资源禀赋条件和特色优势，发展各具特色、布局合理的优势产业和产品，从而形成区域性特色主导产业。例如，甘肃的玉米制种、酿造原料、马铃薯、中药材生产基地，新疆的优质彩棉、糖料生产基地，四川的优质亚热带水果生产基地，云南、贵州的花卉、烟草生产基地，青海、西藏的草地畜牧业生产基地等都是从当地资源优势出发，以市场为导向确定的区域性主导产业。

#### 2. 积极培育农村市场，大力扶持龙头企业

在农业产业化经营中，农户深感信息闭塞、渠道不畅、生产的农产品销售困难。许多乡镇至今尚无成形的农产品集散市场，农户为销售产品，只好将自己的产品运送到有市场的乡镇，这不仅造成利润的外流，而且增加了农民的运输成本、时间成本。因此，各级地方政府应大力发展农产品批发市场，重点加强仓储、保鲜、运输、加工等基础设施建设，增强市场的配套服务功能，有重点、有针对性地建设一批贯穿城乡、辐射全国、带动功能强的农产品专业批发市场，为农业产业化经营创造良好的市场环境。

### 3. 切实抓好商品农产品基地建设

商品农产品基地是龙头企业的依托，也是农业产业化经营的基础。因此，各地要从自身实际出发，通过调整农业产业结构、优化区域布局，有计划、有步骤地加强农产品商品基地建设，要突出区域特色，选准主攻方向，培育支柱产业，发展特色产品，逐步形成与资源特点和市场需求相适应的区域化经济格局。

### 4. 建立完善务实高效的农业社会化服务体系

农业社会化服务体系是实施农业产业化经营的重要环节。因此，要逐步建立起以农民专业合作经济组织为基础，以农业经济技术部门为依托，以农民自办服务实体为补充的多行业、多经济成分、多形式、多层次、高效率、功能齐全、设施配套的农业社会化服务体系，强化农业产前、产中、产后的系列化配套服务，以确保农业产业化经营的持续稳定发展。

### 5. 完善内部经营机制，正确处理产业化内部的利益分配关系

以经济利益为纽带，形成利益共享、风险共担的分工协作关系是农业产业化经营持久发展的内在动力。因此，应按照市场经济的运行机制，正确处理龙头企业与农户、龙头企业与其他服务组织的关系。应本着欲取先予、让利于民的原则，在产业系统内部统一核定农副产品价格，企业把加工销售环节的部分利润返还给农民；通过预付定金、赊销化肥、种子、饲料、苗木等生产资料，扶持农民进行规模化、标准化生产。积极探索利用契约方式发展订单农业的运行机制，使农业产业化经营组织真正成为风险共担、利益共享的经济共同体。

## 二、农产品市场营销

### （一）农产品市场营销的概念

一般来说，农产品市场是由消费者、购买欲望和购买力组成

的。农产品市场营销的任务就是通过一定方法或措施激起消费者的购买欲望，在消费者购买范围内满足其对农产品的需求。

农产品经营者的市场营销就是为了实现农产品经营者的目标，创造、建立、保持与目标市场之间的互利交换和关系，而对农产品经营者设计方案的分析、计划、执行和控制。

农产品市场营销，就是在变化的市场环境中，农产品经营者以满足消费者需要为中心进行的一系列营销活动，包括市场调研、选择目标市场、产品开发、产品定价、产品促销、产品存储和运输、产品销售、提供服务等一系列与市场有关的经营活动。

### （二）农产品营销渠道类型

#### 1. 农产品批发市场销售

农产品批发市场销售是指通过建立影响力大、辐射能力强的农产品专业批发市场来集中销售农产品。

优点：销售集中和销量大，能够实现快速集中运输、妥善贮藏、加工及保鲜。

缺点：①农民经纪人在从事购销经营活动中，一手压低收购价，一手抬高销售价，不仅农民利益受损，而且往往造成当地市场价格信号失真，管理混乱；②专业市场信息传递途径落后，对市场信息分析处理能力差；③市场配套服务设施不健全。

#### 2. 销售公司销售

通过区域性农产品销售公司进行销售，先从农户手中收购产品，然后外销。农户和公司之间的关系可以由契约界定，也可以是单纯的买卖关系。

优点：可以有效缓解“小农户”与“大市场”之间的矛盾。

缺点：①风险高，特别是就通过契约和合同来确立农户与公司关系的模式而言，由于组织结构相对复杂和契约约束性弱等原因，使得这种模式具有较大风险；②销售公司和农户之间缺乏有效的法律规范。

### 3. 合作组织销售

通过综合性或区域性的社区合作组织进行销售，如流通联合体、贩运合作社专业协会等合作组织销售农产品。购销合作组织和农民是利益共沾、风险共担的关系。

优点：既有利于解决“小生产”和“大市场”的矛盾，又有利于减小风险；购销组织也能够把分散的农产品集中起来，为农产品的再加工和增值提供可能。

缺点：合作组织普遍缺乏作为市场主体的有效法律身份，不利于解决销售过程中出现的法律纠纷；合作组织普遍缺乏资金，因而普遍缺乏开拓市场的能力；农民参加合作组织的自愿、自主意识不强，并且其本身的运行缺乏动力，决策风险较高。

### 4. 贩运大户销售

优点：稳定性好，由于销售大户的收益直接取决于其销量，因而“大户”具有很高的积极性，他们会想尽各种办法，如定点销售与零售商分成等方式来稳定销量。

缺点：贩运大户大多是农民，对市场经济知识缺乏深入了解，销售能力有限，而且他们本人又承担巨大风险，如对于进行农产品外运的大户来说，会遇到诸多困难，像天气、运输、行情等。

### 5. 农户直接销售

农产品生产农户通过自家人力、物力把农产品销往周边或其他各地区。

优点：销售灵活；农民获利大，农户自行销售避免了经纪人、中间商、零售商的盘剥，能使农民获得实实在在的利益。

缺点：销量小，即使是农业生产大户，主要依靠自己的力量销售农产品，毕竟很有限，而且难以形成规模效应；一些农民法律意识、卫生意识淡薄，容易受到城市社区的排斥。

### 6. 农业企业销售

农业企业销售自己生产的农产品，或将加工过的农产品销售给中间商或直接销售给消费者。

优点：一旦有了知名品牌后，企业就可以获得超过产品本身的超额价值。

缺点：一个品牌的创建初期需要投入大量的人力、物力和财力，这也许是很多小的农业企业所不能承受的。

## （三）农产品营销策略

### 1. 高品质化策略

随着人们生活水平的不断提高，对农产品品质的要求越来越高，优质优价正成为新的消费动向。要实现农业高效，必须实现农产品优质，实行“优质优价”高产高效策略。把引进、选育和推广优质农产品作为抢占市场的一项重要的产品市场营销策略。淘汰劣质品种和落后生产技术，以质取胜，以优发财。

### 2. 低成本化策略

价格是市场竞争的法宝，同品质的农产品价格低的竞争力就强。生产成本是价格的基础，只有降低成本，才能使价格竞争的策略得以实施。要增强市场竞争力，必须实行“低成本、低价格”策略。加大领先新技术、新品种、新工艺、新机械，减少生产费用投入，提高产出率；要实行农产品的规模化、集约化经营，努力降低单位产品的生产成本，以低成本支持低价格，求得经济效益。

### 3. 大市场化策略

农产品销售要立足本地，关注身边市场，着眼国内外大市场，寻求销售空间，开辟空白市场，抢占大额市场。开拓农产品市场，要树立大市场观念，实行产品市场营销策略，定准自己产品销售地域，按照销售地的消费习性，生产适销对路的产品。

### 4. 多品种化策略

农产品消费需求的多样化决定了生产品种的多样化，一个产品不仅要有多种品质，而且要有多种规格。要根据市场需求和客户要求，生产适销对路的各种规格的产品。实行“多品种、多规格、小批量、大规模”策略，满足多层次的消费需求，开发全方位的市场，化解市场风险，提高综合效益。

### 5. 反季节化策略

因农产品生产的季节性与市场需求的均衡性的矛盾带来的季节差价，蕴藏着巨大的商机。要开发和利用好这一商机，关键是要实行“反季节供给高差价赚取”策略。实行反季节供给，主要有 3 条途径：一是实行设施化种养，使产品提前上市；二是通过贮藏保鲜，延长农产品销售期，变生产旺季销售为生产淡季销售或消费旺季销售；三是开发适应不同季节生产的品种，实行多品种错季生产上市。实施产品市场营销策略，要在分析预测市场预期价格的基础上，搞好投入-产出效益分析，争取好的收益。

### 6. 嫩乳化策略

人们的消费习惯正在悄悄变化，粮食当蔬菜吃，黄豆要吃青毛豆，蚕豆要吃青蚕豆，市场出现崇尚嫩鲜食品的新潮。农产品产销应适应这一变化趋向，这方面发展潜力很大。

### 7. 土特化策略

土特产是指某地特有的或特别著名的产品。土特产具有原生态的特点，味道独特、营养丰富。近年来，土特产的市场需求量不断增加，消费者对土特产的认知度和兴趣不断提升。因此，应积极开拓土特产市场，提升产品品质和品牌形象，加强渠道建设，增强市场竞争力和影响力。

### 8. 加工化策略

发展农产品加工，既是满足产品市场营销的需要，也是提高农产品附加值的需要，发展以食品工业为主的农产品加工是世界农业发展的新方向、新潮流。

#### 9. 标准化策略

我国农产品在国内外市场上面临着国外农产品的强大竞争，为了提高竞争力，必须加快建立农业标准化体系，实行农产品的标准化生产经营。制定完善一批农产品产前、产中、产后的标准，形成农产品的标准化体系，以标准化的农产品争创名牌，抢占市场。

#### 10. 名片化策略

要以名牌产品开拓市场。一是要提高质量，提升农产品的品位，以质创牌；二是要搞好包装，美化农产品的外表，以面树牌；三是开展农产品的商标注册，叫响品牌名牌，以名创牌；四是加大宣传，树立公众形象，以势创牌。

### （四）农产品网络营销

#### 1. 网络营销的概念

随着互联网的普及和发展，电子商务也开始在经济领域中逐步发挥其举足轻重的作用。而伴随着电子商务的兴起，网络营销的概念也越来越受到人们的重视。

网络营销是直销营销的最新形式，是由互联网替代了传统媒介，其实质是利用互联网对产品的售前、售中、售后各环节进行跟踪服务。它自始至终贯穿于企业经营的全过程，包括市场调查、客户分析、产品开发、销售策略和反馈信息等方面。确切地说，网络营销是企业整体营销战略的一个组成部分，是建立在互联网基础上、借助于互联网特性来实现一定营销目的的一种营销手段。

#### 2. 农产品网络营销的对策

在生产环节，实现农业生产的标准化。互联网+农业可以从生产环节彻底改造农业，使农业自动化、精准化、可追溯，减少人力，降低成本，并最终实现农产品生产的标准化。应用互联网技术，可以通过各种无线传感器实时采集农业生产现场的光照、温度、湿度等参数及农产品生长状况等信息，再将采集的参数信息汇总整合，最后通过智能系统进行定时、定量、定位处理，及时精确地遥控指定农业设备的开启或是关闭，真正实现“智能化农业”。

在流通环节，创建廉价且高效的销售入口。既可以农业电子商务的形式体现，建立农产品信息平台、大力发展智能农业和农村电商，通过电商进行销售，可以使用户足不出户、舒适便捷地选择到自己心仪的产品，并充分发挥本地产销企业流半径小、安全控制能力强的本土优势。同时作为一种新型销售模式，电商也是促进本土农产品实现优质优价的最有效途径之一。还可以利用各类社会化媒体及通信工具作为农产品提供便利的营销入口，微博、微信、QQ 等都是免费的资源，营销成本极低。

在经营环节，基于互联网思维的“搭平台”，升级农产品经营模式。互联网农业的营销策略良好地运用市场细分理念，运用大数据精准定位目标客户，避免泛化营销；运用无障碍频繁自由的互联网沟通工具，实现与客户的密切互动，不断改进产品质量；互联网平台从根本上改变农业生产和销售的关系，运用大数据分析定位消费者的需求，按照消费者的需求去组织农产品的生产和销售，从而实现农产品的零库存。互联网农业实现了从生产商向服务商转型，使农民、消费者和市场紧密融合。农业已经进入营销新时代，将互联网思维用在农产品规格、包装、生产、渠道等环节，可以解决小规模生产问题。“互联网+”，将给农产品带来颠覆性价值，其绝对不仅仅是渠道的补充，更是让所有企业能够更进一步接近、理解自己的消费群体，能够定制化推出及引导和满足消费者深层心理需求，提升企业品牌价值和知名度。

在配套环节，用互联网来提升农村农业金融服务。规模化、信息化、现代化和智能化的农业经营，需要更大的资金投入，我国的农村金融服务并不能满足农民的需要。当前我国互联网农村金融服务主要集中在两个方面。一是小额信贷。农村信贷的主要服务对象多为养殖、餐饮、零售等小规模经营者，因此，信贷额度小，资金分散，相对于大额信贷而言借款人的资金安全更加有保障。小额贷款的农村互联网模式是通过互联网聚集借款人以及投资人，再通过相关风险控制体系筛选有能力的借款人以及投资人，使其对接交易的 O2O 模式。二是农业保险。目前我国商业保险公司开展农业保险的积极性较低，农业保险险种较少，主要是因为农业生产经营风险大、保险赔付率高。通过运用互联网的信息采集能力和大数据分析能力，农业保险赔付率高的问题将可以得到显著改善。

总之，通过互联网思维的导入，随着互联网知识技术应用到农业经营的各个环节，可以逐步升级传统农业的产业链，提高农产品价值，克服传统农业的种种弊端，最终发展成为新型“互联网农业”。

## 三、农产品质量安全管理

### （一）农产品质量安全的概念

随着经济的发展，人民生活水平不断提高。现在人们不仅要求吃得饱，而且还要求吃得好，对农产品质量的要求越来越严格。通常所说的农产品质量既包括涉及人体健康、安全的质量要求，也包括涉及产品的营养成分、口感、色香味等非安全性的一般质量指标。广义的农产品质量安全是农产品数量保障和质量安全，《中华人民共和国农产品质量安全法》对农产品质量安全的定义为：农产品质量达到农产品质量安全标准，符合保障人的健康、安全的要求。“数量”层面的安全是“够不够吃”的问题，“质量”层面的安全是要求食物的营养卫生，对健康无害。狭义的农产品质量安全是指农产品在生产加工过程中所带来的可能对人、动植物和环境产生危害或潜在危害的因素，如农药残留、兽药残留、重金属污染、亚硝酸盐污染等。

农产品来源于动物和植物，受各种污染的机会很多，其污染的方式、来源及途径是多方面的，在生产、加工、运输、贮藏、销售、烹饪等各个环节均可能出现污染，因此，食用农产品质量安全不仅仅局限于生物性污染、化学物质残留及物理危害，还包括如营养成分、包装材料及新技术等引起的污染。

农产品质量安全必须符合国家法律、行政法规和强制性标准的规定，满足保障人体健康、人身安全的要求，不存在危及健康和安全的危险因素。农产品中不应含有可能损害或威胁人体健康的因素，不应导致消费者急性或慢性毒害，或感染疾病，或产生危及消费者及其后代健康的隐患。

## （二）农产品质量安全认证

### 1. 绿色食品认证

2022 年最新修订的《绿色食品标志管理办法》指出：中国绿色食品发展中心负责全国绿色食品标志使用申请的审查、颁证和颁证后跟踪检查工作。省级人民政府农业行政农村部门所属绿色食品工作机构（以下简称省级工作机构）负责本行政区域绿色食品标志使用申请的受理、初审和颁证后跟踪检查工作。

申请使用绿色食品标志的生产单位，应当具备下列条件：能够独立承担民事责任；具有绿色食品生产的环境条件和生产技术；具有完善的质量管理和质量保证体系；具有与生产规模相适应的生产技术人员和质量控制人员；具有稳定的生产基地；申请前 3 年内无质量安全事故和不良诚信记录。

申请认证产品条件：申请使用绿色食品标志的产品，应当符合《中华人民共和国食品安全法》和《中华人民共和国农产品质量安全法》等法律法规规定，在国家知识产权局商标局核定的范围内，并具备下列条件：产品或产品原料产地环境符合绿色食品产地环境质量标准；农药、肥料、饲料、兽药等投入品使用符合绿色食品投入品使用准则；产品质量符合绿色食品产品质量标准；包装贮运符合绿色食品包装贮运标准。

绿色食品认证的程序：申请人提交申请和相关材料，经过文件审核、现场检查，同时安排环境质量现状调查和产品抽样，检查结果、环境检测和产品检测报告汇总后，合格者颁发证书。证书有效期是 3 年。绿色食品认证程序如下。

（1）申请。申请人应当向省级工作机构提出申请，并提交下列材料：标志使用申请书；产品生产技术规程和质量控制规范；预包装产品包装标签或其设计样张；中国绿色食品发展中心规定提交的其他证明材料。

（2）受理。省级工作机构应当自收到申请之日起 10 个工作日内完成材料审查。符合要求的，予以受理，并在产品及产品原料生产期内组织有资质的检查员完成现场检查；不符合要求的，不予受理，书面通知申请人并告知理由。

现场检查合格的，省级工作机构应当书面通知申请人，由申请人委托符合要求的检测机构对申请产品和相应的产地环境进行检测；现场检查不合格的，省级工作机构应当退回申请并书面告知理由。

（3）现场抽样。检测机构接受申请人委托后，应当及时安排现场抽样，并自产品样品抽样之日起 20 个工作日内、环境样品抽样之日起30个工作日内完成检测工作，出具产品质量检验报告和产地环境监测报告，提交省级工作机构和申请人。检测机构应当对检测结果负责。

（4）认证审核。省级工作机构应当自收到产品检验报告和产地环境监测报告之日起20个工作日内提出初审意见。初审合格的，将初审意见及相关材料报送中国绿色食品发展中心。初审不合格的，退回申请并书面告知理由。省级工作机构应当对初审结果负责。

中国绿色食品发展中心应当自收到省级工作机构报送的申请材料之日起30个工作日内完成书面审查，并在20个工作日内组织专家评审。必要时，应当进行现场核查。

（5）认证评审。中国绿色食品发展中心应当根据专家评审的意见，在5个工作日内作出是否颁证的决定。同意颁证的，与申请人签订绿色食品标志使用合同，颁发绿色食品标志使用证书，并公告；不同意颁证的，书面通知申请人并告知理由。

（6）颁证。绿色食品标志使用证书是申请人合法使用绿色食品标志的凭证，应当载明准许使用的产品名称、商标名称、获证单位及其信息编码、核准产量、产品编号、标志使用有效期、颁证机构等内容。绿色食品标志使用证书分中文、英文版本，具有同等效力。

绿色食品标志使用证书有效期3年。证书有效期满，需要继续使用绿色食品标志的，标志使用人应当在有效期满3个月前向省级工作机构书面提出续展申请。省级工作机构应当在40个工作日内组织完成相关检查、检测及材料审核。初审合格的，由中国绿色食品发展中心在10个工作日内作出是否准予续展的决定。准予续展的，与标志使用人续签绿色食品标志使用合同，颁发新的绿色食品标志使用证书并公告；不予续展的，书面通知标志使用人并告知理由。标志使用人逾期未提出续展申请，或者申请续展未获通过的，不得继续使用绿色食品标志。

### 2. 有机产品认证

国家市场监督管理总局2022年修订的《有机产品认证管理办法》指出：有机产品认证是指认证机构依照本办法的规定，按照有机产品认证规则，对相关产品的生产、加工和销售活动符合中国有机产品国家标准进行的合格评定活动。国家市场监督管理总局负责全国有机产品认证的统一管理、监督和综合协调工作。地方市场监督管理部门负责所辖区域内有机产品认证活动的监督管理工作。国家推行统一的有机产品认证制度，实行统一的认证目录、统一的标准和认证实施规则、统一的认证标志。国家市场监督管理总局负责制定和调整有机产品认证目录、认证实施规则，并对外公布。

有机产品认证机构应当依法取得法人资格，并经国家市场监督管理总局批准后，方可从事批准范围内的有机产品认证活动。目前有机认证机构众多，生产者在选择有机产品认证机构时一定要注意核实，该认证机构是否经过中国国家认证认可监督管理委员会（CNCA）、中国合格评定国家认可委员会等权威部门认可，拥有正式批准号等。下面以农业农村部主管的中绿华夏有机食品认证中心（China Organic Food Certification Center，简称COFCC）的认证流程为例，说明申请认证有机产品的工作程序。

（1）申请。

申请人登录 www. ofcc. org. cn 并下载填写《有机产品认证申请书》和《有机产品认证调查表》，下载《有机产品认证书面资料清单》并按要求准备相关材料。

申请人提交《有机产品认证申请书》《有机产品认证调查表》以及《有机产品认证书面资料清单》要求的文件，提出正式申请。

申请人按《有机产品》国家标准第4部分的要求，建立本企业的质量管理体系、质量保证体系的技术措施和质量信息追踪及处理体系。

（2）文件审核。认证机构应当自收到认证委托人申请材料之日起10日内，完成材料审核，并作出是否受理的决定。审核合格后，认证中心根据项目特点，依据认证收费细则，估算认证费用，向企业寄发《受理通知书》《有机产品认证检查合同》（简称《检查合同》）。若审核不合格，认证中心通知申请人且当年不再受理其申请。申请人确认《受理通知书》后，与认证中心签订《检查合同》。根据《检查合同》的要求，申请人交纳相关费用，以保证认证前期工作的正常开展。

（3）实地检查。企业寄回《检查合同》及缴纳相关费用后，认证中心派出有资质的检查员。检查员应从认证中心取得申请人相关资料，依据《有机产品认证实施规则》的要求，对申请人的质量管理体系、生产过程控制、追踪体系以及产地、生产、加工、仓储、运输、贸易等进行实地检查评估。必要时，检查员需对土壤、产品抽样，由申请人将样品送指定的质检机构检测。

（4）撰写检查报告。检查员完成检查后，在规定时间内，按认证中心要求编写检查报告，并提交给认证中心。

（5）综合审查评估意见。认证中心根据申请人提供的申请表、调查表等相关材料以及检查员的检查报告和样品检验报告等进行综合评审，评审报告提交颁证委员会。

（6）颁证决定。颁证委员会对申请人的基本情况调查表、检查员的检查报告和认证中心的评估意见等材料进行全面审查，作出同意颁证、有条件颁证、有机转换颁证或拒绝颁证的决定。证书有效期为1年。当申请项目较为复杂（如养殖、渔业、加工等项目）时，或在一段时间（如6个月）内，召开技术委员会工作会议，对相应项目作出认证决定。

同意颁证。申请内容完全符合有机标准，颁发有机证书。

有条件颁证。申请内容基本符合有机产品标准，但某些方面尚需改进，在申请人书面承诺按要求进行改进以后，亦可颁发有机证书。

有机转换颁证。申请人的基地进入转换期一年以上，并继续实施有机转换计划，颁发有机转换证书。从有机转换基地收获的产品，按照有机方式加工，可作为有机转换产品，即“有机转换产品”销售。

拒绝颁证。申请内容达不到有机标准要求，颁证委员会拒绝颁证，并说明理由。

（7）颁证决定签发。颁证委员会做出颁证决定后，认证中心主任授权颁证委员会秘书处（认证二部）根据颁证委员会做出的结论在颁证报告上使用签名章，签发颁证决定。

（8）有机产品标志的使用。根据证书和《有机食（产）品标志使用章程》的要求，签订《有机食（产）品标志使用许可合同》，并办理有机/有机转换标志的使用手续。

（9）保持认证。有机产品认证证书有效期为1年，在新的年度里，COFCC会向获证企业发出《保持认证通知》。获证企业在收到《保持认证通知》后，应按照要求提交认证材料、与联系人沟通确定实地检查时间并及时缴纳相关费用。保持认证的文件审核、实地检查、综合评审、颁证决定的程序同初次认证。

### 3. 农产品地理标志登记保护

农产品地理标志是指标示农产品来源于特定地域，产品品质和相关特征主要取决于自然生态环境和历史人文因素，并以地域名称冠名的特有农产品标志。此处所称的农产品是指来源于农业的初级产品，即在农业活动中获得的植物、动物、微生物及其产品。农业部于 2007 年 12 月发布的《农产品地理标志管理办法》（以下简称《办法》），是专门针对农产品地理标志发布管理的行政法规。《办法》规定，国家对农产品地理标志实行登记制度。经登记的农产品地理标志受法律保护。

（1）申请地理标志登记的农产品。农产品地理标志登记范围是指来源于农业的初级产品，并在《农产品地理标志登记审查准则》规定的目录覆盖的 3 个行业 22 个小类内。

申请农产品地理标志登记的农产品，应当符合下列条件：称谓由地理区域名称和农产品通用名称构成；产品有独特的品质特性或者特定的生产方式；产品品质和特色主要取决于独特的自然生态环境和人文历史因素；产品有限定的生产区域范围；产地环境、产品质量符合国家强制性技术规范要求。

（2）农产品地理标志登记申请人。农产品地理标志登记申请人为县级以上地方人民政府，根据下列条件择优确定农民专业合作经济组织、行业协会等组织：具有监督和管理农产品地理标志及其产品的能力；具有为地理标志农产品生产、加工、营销提供指导服务的能力；具有独立承担民事责任的能力。

（3）农产品地理标志使用的申请。符合下列条件的单位和个人，可以向登记证书持有人申请使用农产品地理标志：生产经营的农产品产自登记确定的地域或范围；已取得登记农产品相关的生产经营资质；能够严格按照规定的质量技术规范组织开展生产经营活动；具有地理标志农产品市场开发经营能力。

（4）农产品地理标志使用的规定。使用农产品地理标志，应当按照生产经营年度与登记证书持有人签订农产品地理标志使用协议，在协议中载明使用的数量、范围及相关的责任义务。

农产品地理标志登记证书持有人不得向农产品地理标志使用人收取使用费。

## 四、农产品品牌建设

### （一）品牌的概念

品牌是给拥有者带来溢价、产生增值的一种无形资产，它的载体是用于和其他竞争者的产品或劳务相区分的名称、术语、象征、记号或者设计及其组合，增值的源泉来自消费者心智中形成的关于其载体的印象。

品牌有广义和狭义之分。广义的“品牌”是具有经济价值的无形资产，是用抽象化的、特有的、能识别的心智概念来表现其差异性，从而在人们的意识当中占据一定位置的综合反映。狭义的“品牌”是一种拥有对内对外两面性的“标准”或“规则”，是通过对理念、行为、视觉三方面进行标准化、规则化，使之具备特有性、价值性、长期性、认知性的一种识别系统总称。这套系统可称之为 CIS（Corporate Identity System）体系。

品牌承载的更多是一部分人对其产品以及服务的认可，是一种品牌商与顾客购买行为间相互磨合衍生出的产物。

### （二）农产品品牌建设

农产品品牌建设是一项系统工程，一般要注重以下两个方面。

一是农产品品牌建设内容主要包括质量满意度、价格适中度、信誉联想度和产品知名度等。质量满意度主要包括质量标志、集体标志、外观形象和口感等要素。价格适中度主要包括定价适中度、调价适中度等。信誉联想度包括信用度、联想度、企业责任感、企业家形象等要素。产品知名度则体现为提及知名度、未提及知名度、市场占有率等。

二是农产品品牌建设是一个长期的、全方位努力的过程，一般包括规划、创立、培育和扩张4个环节。品牌规划主要是通过经营环境的分析，确定产品选择，明确目标市场和品牌定位，制定品牌建设目标。品牌创立主要包括品牌识别系统设计、品牌注册、品牌产品上市和品牌文化内涵的确定等。品牌培育主要内容包括质量满意度、价格适中度、信誉联想度和产品知名度的提升。品牌扩张包括品牌保护、品牌延伸、品牌连锁经营和品牌国际化等。

### （三）注册商标

为农产品注册商标，是形成农产品品牌的最好方式。

#### 1. 注册商标的途径

农民专业合作社对其生产、制造、加工、拣选或经销的商品或者提供的服务需要取得商标专用权的，应当依法向国家工商行政管理总局商标局（以下简称“商标局”）提出商标注册申请。目前，办理各种商标注册事宜有两种途径：一是直接到商标局办理；二是委托国家认可的商标代理机构代理。

直接到商标局办理的，申请人除应按规定提交相应的文件外，还应提交经办人本人的身份证复印件；委托商标代理机构办理的，申请人除应按规定提交相应文件外，还应提交委托商标代理机构办理商标注册事宜的授权委托书。合作社直接办理商标注册事宜的，应到商标局的商标注册大厅办理。但商标注册手续比较繁杂，加之注册时间较长，因此，合作社注册商标最好找专业的代理机构，通过专业人员指导，可以降低注册风险，提高商标注册成功率。

#### 2. 商标注册申请所需提交的资料

商标图样，注册商标所要使用的商品或服务范围，合作社营业执照复印件。

### 3. 商标注册申请程序

先对商标进行查询，如果之前没有相同或近似的，申请人就可以制作申请文件，递交申请并缴纳费用。缴费完成后，商标局发送《受理通知书》，进入审查阶段（9个月）。审查通过后做出初步审定公告（3个月）。初步审定公告期满后，没有人对初步审定公告的商标注册申请提出异议的，做出注册公告，商标局核发商标注册证。

根据《中华人民共和国商标法》规定，注册商标的有效期为10年，自核准注册之日起计算。注册商标有效期满，需要继续使用的，商标注册人应当在期满前12个月内按照规定办理续展手续；在此期间未能办理的，可以给予6个月的宽展期。每次续展注册的有效期为10年，自该商标上一届有效期满次日起计算。期满未办理续展手续的，注销其注册商标。

## 第三节　乡村创新创业

### 一、实施农村创新创业带头人培育行动的意义

农村创新创业带头人饱含乡土情怀、具有超前眼光、充满创业激情、富有奉献精神，是带动农村经济发展和农民就业增收的乡村企业家。培育农村创新创业带头人，就是培育农村创新创业的“领头雁”，培育乡村产业发展的动能。2020年，农业农村部会同国家发展和改革委员会等联合印发《关于深入实施农村创新创业带头人培育行动的意见》，明确将返乡创业农民工列为扶持重点，引导有资金积累、技术专长、市场信息和经营头脑的返乡农民工重点发展特色种植业、规模养殖业、加工流通业、乡村服务业、休闲旅游业、劳动密集型制造业等，吸纳更多农村劳动力

就地就近就业。实施农村创新创业带头人培育行动意义重大。

### （一）实施国家创新驱动发展战略的迫切需要

近年来，农村创新创业日益成为国家创新驱动发展战略的重要“战场”。当前，我国经济已由高速增长阶段转向高质量发展阶段，大众创业万众创新持续向更大范围、更高层次和更深程度推进，对推动农村创新创业提出新的更高要求。但与城市相比，农村创新创业还存在质量相对较低，配套政策、服务和基础设施还相对薄弱等问题，亟须培育一批农村创新创业带头人，促进农村创新创业高质量发展。

### （二）实施乡村振兴战略的迫切需要

产业兴旺是乡村振兴的重点，创新创业是乡村产业振兴的动能。实施农村创新创业带头人培育行动，有利于吸引更多农民工、大中专毕业生、退役军人、科研人员等返乡入乡在乡开办新企业、开发新产品、开拓新市场、培育新业态，有利于促进农业与现代产业跨界配置要素，打通城乡人才、技术、资金等要素双向流动渠道，促进乡村全面振兴。

### （三）全面建成小康社会的迫切需要

全面建成小康社会，短板在农村。实施农村创新创业带头人培育行动，培育一批带动农村经济发展和农民就业增收的乡村企业家，有利于激发返乡入乡人员自主创业、主动就业，形成创新带创业、创业带就业、就业促增收、致富奔小康的良好局面。

## 二、农村创新创业带头人培育的重点

近年来，返乡入乡创新创业已成为一种趋势。一大批农民工返乡创业，一大批退役军人、大中专毕业生和科技人员入乡创业，一大批“田秀才”“土专家”“乡创客”和能工巧匠在乡创业。这些都是我们培育农村创新创业带头人的重点对象。

### （一）扶持返乡创业农民工

返乡农民工具有一定的资金积累、技术专长、市场信息和经营头脑，他们是农村创新创业带头人的主体。据调查，返乡农民工的创业成绩决定了农村创新创业总体情况。要支持引导返乡农民工重点发展特色种植业、规模养殖业、加工流通业、乡村服务业、休闲旅游业、劳动密集型制造业等，吸纳更多农村劳动力就地就近就业。

### （二）鼓励入乡创业人员

近年来，大量经过系统教育训练、具有一技之长或掌握前沿科技的大中专毕业生、退役军人和科技人员入乡创业，为农村创新创业引入了新理念、应用了新技术、开发了新产品、拓展了新市场。我们要加快营造引得进、留得住、干得好的乡村营商环境，鼓励更多入乡人员发展智创、文创、农创等创意新颖、受众年轻、效益良好的乡村新产业新业态，通过培育一批优秀的入乡创业带头人，带动更多农民学技术、闯市场、创品牌，提升乡村产业的层次水平。

### （三）发掘在乡创业能人

在乡村，潜藏有大批传承中国乡土文化、手工技艺等的“田秀才”“土专家”“乡创客”和能工巧匠。要将这些乡土人才挖掘出来，支持他们创办家庭工场、手工作坊、乡村车间，培育一批在乡创业能人，打造一批“乡字号”“土字号”乡土特色产品，保护传统手工艺，发掘乡村非物质文化遗产资源，带动农民就业增收。

## 三、农村创新创业带头人的政策支持

实施农村创新创业带头人培育行动，主要从“钱、地、人”3个方面给予政策支持。

在钱的方面，一是落实创业一次性补贴政策。对首次创业、正常经营1年以上的农村创新创业带头人，按规定给予一次性创业补贴。二是加强金融扶持。落实创业担保贷款贴息政策，重点扶持农村创新创业带头人。发挥国家融资担保基金等政府性融资担保体系作用，积极为农村创新创业带头人提供融资担保。此外，鼓励各地统筹利用现有资金渠道或有条件的地区因地制宜设立返乡入乡创业资金，并引导各类产业发展基金、创业投资基金投入农村创新创业带头人创办的项目。允许发行地方政府专项债券，支持农村创新创业园和孵化实训基地中符合条件的项目建设。

在地的方面，一是强化用地计划保障。各地新编县乡级国土空间规划、省级制定土地利用年度计划时应做好农村创新创业用地保障。二是盘活现有土地资源。支持开展县域农村闲置宅基地、农业生产与村庄建设复合用地、村庄空闲地等土地综合整治，农村集体经营性建设用地、复垦腾退建设用地指标，优先用于乡村新产业新业态和返乡入乡创新创业。

在人的方面，一是政策激励。将农村创新创业带头人及其所需人才纳入地方政府人才引进政策奖励和住房补贴等范围。支持和鼓励科研人员按国家有关规定离岗入乡创业，允许科技人员以科技成果作价入股农村创新创业企业。二是社会保障。对符合条件的农村创新创业带头人及其共同生活的配偶、子女和父母全面放开城镇落户限制，纳入城镇住房保障范围，增加优质教育、住房等供给。加快推进全国统一的社会保险公共服务平台建设，切实为农村创新创业带头人及其所需人才妥善办理社保关系转移接续。

# 第七章 加强农村精神文明建设

## 第一节 加强农村思想道德建设

持续推进农村精神文明建设，提升农民精神风貌，倡导科学文明生活，不断提高乡村社会文明程度。

### 一、筑牢理想信念之基

人民有信仰，国家有力量，民族有希望。信仰信念指引人生方向，引领道德追求。要坚持不懈用习近平新时代中国特色社会主义思想武装全党、教育人民，引导人们把握丰富内涵、精神实质、实践要求，打牢信仰信念的思想理论根基。在农村广泛开展理想信念教育，深化社会主义和共产主义宣传教育，深化中国特色社会主义和中国梦宣传教育，引导农民不断增强道路自信、理论自信、制度自信、文化自信，把共产主义远大理想与中国特色社会主义共同理想统一起来，把实现个人理想融入实现国家富强、民族振兴、人民幸福的伟大梦想之中。

### 二、培育弘扬社会主义核心价值观

社会主义核心价值观是当代中国精神的集中体现，是凝聚中国力量的思想道德基础。习近平总书记强调，核心价值观是一个国家的重要稳定器，能否构建具有强大感召力的核心价值观，关系社会和谐稳定，关系国家长治久安。要采取符合农村特点的方式方法和载体，持续深化社会主义核心价值观宣传教育，增进认知认同、树立鲜明导向、强化示范带动，引导农民把社会主义核心价值观作为明德修身、立德树人的根本遵循。把社会主义核心价值观要求融入日常生活，使之成为人们日用而不觉的道德规范和行为准则。加强爱国主义、集体主义、社会主义教育，深化民族团结进步教育。以爱国主义为核心的民族精神和以改革创新为核心的时代精神，是中华民族生生不息、发展壮大的坚实精神支撑和强大道德力量。要深化改革开放史、中华人民共和国历史、中国共产党历史、中华民族近代史、中华文明史教育，弘扬中国人民伟大创造精神、伟大奋斗精神、伟大团结精神、伟大梦想精神，倡导一切有利于团结统一、爱好和平、勤劳勇敢、自强不息的思想和观念，构筑中华民族共有的精神家园。注重典型示范，深入实施时代新人培育工程，推出一批新时代农民的先进模范人物。把社会主义核心价值观融入法治建设，推动公正文明执法司法，彰显社会主流价值。强化公共政策价值导向，探索建立重大公共政策道德风险评估和纠偏机制。

## 三、加强农村思想道德阵地建设

推动基层党组织、基层单位、农村社区有针对性地加强农村群众性思想政治工作。加强对农村社会热点、难点问题的应对解读，合理引导社会预期。健全人文关怀和心理疏导机制，培育自尊自信、理性平和、积极向上的农村社会心态。深化文明村镇创建活动，进一步提高县级及以上文明村和文明乡镇的占比。广泛开展星级文明户、文明家庭等群众性精神文明创建活动。深入开展“扫黄打非”进基层。重视发挥社区教育作用，做好家庭教育，传承良好家风家训。完善文化科技卫生“三下乡”长效机制。

### 四、倡导诚信道德规范

深入实施公民道德建设工程，推进社会公德、职业道德、家庭美德、个人品德建设。推进诚信建设，强化农民的社会责任意识、规则意识、集体意识和主人翁意识。建立健全农村信用体系，完善守信激励和失信惩戒机制。弘扬劳动最光荣、劳动者最伟大的观念。弘扬中华孝道，强化孝敬父母、尊敬长辈的社会风尚。广泛开展好媳妇、好儿女、好公婆等评选表彰活动，开展寻找“最美乡村教师、最美医生、最美村干部、最美人民调解员”等活动。深入宣传道德模范、身边好人的典型事迹，建立健全先进模范发挥作用的长效机制。

## 第二节　传承乡村优秀传统文化

优秀传统文化是农村精神文明建设的根与魂。改革开放至今，国家一直致力于保护传统文化。农村传统文化不仅是文化的源头和宝藏，而且是传统道德、传统民风的载体，对农村传统文化的传承既是对文化的保护和发展，也是对优良农村乡风民风的继承和弘扬。

### 一、优秀传统文化的现代意义

《关于实施中华优秀传统文化传承发展工程的意见》提出，到2025年，中华优秀传统文化传承发展体系基本形成，研究阐发、教育普及、保护传承、创新发展、传播交流等方面协同推进并取得重要成果，具有中国特色、中国风格、中国气派的文化产品更加丰富，文化自觉和文化自信显著增强，国家文化软实力的根基更为坚实，中华文化的国际影响力明显提升。这个目标与乡村振兴具有极大的一致性，在乡村振兴中，传统优秀文化的振兴不能掉队，这是新时代乡村振兴的应有之义。中华民族具有悠久的历史传统，在创造巨大的物质财富的过程中也创造着巨大的精神财富，为世界文化的宝库增添了自己独一无二的文化力量。中华优秀传统文化在源远流长、灿烂耀眼的5 000多年的文明发展史中，一直是一种不间断的最深沉的民族精神追求，它代表着中华民族独特的精神标识和精神力量，是中华民族绵延不息、发展壮大的精神动力，是中国特色社会主义植根的丰润的文化土壤，是当代中国社会发展的优势力量，它对延续和发展中国文化、中国文明，进而促进人类社会的共同进步，发挥了不可替代的作用。中国共产党从建党的第一天起就自觉肩负起传承和发展中华优秀传统文化的历史责任，真正做到中华优秀传统文化的忠实继承者、弘扬者和建设者，党在不同的历史阶段，结合当时的历史条件创造性地发展了优秀传统文化。党的十八大、十九大、二十大以来，党中央、国务院更加认识到优秀传统文化的价值，积极地大力推动中华优秀传统文化在新时代的传承和发展，别开生面地开展了许多富有创新、切实有效的工作，极大地增强了优秀传统文化的吸引力、凝聚力和创造力。面对现实，要看到优秀传统文化面临的巨大挑战。现代社会是一个更加开放的世界舞台，加上互联网的便捷和新媒体的快速发展，一种思想支配全局的局面已难以维持，多种思想、文化、观点的交流、交融与交锋增多。面对这种形势，需要加深对优秀传统文化重要性的认识，不断增强文化自觉和文化自信；需要努力挖掘中华优秀传统文化价值力量，激活优秀传统文化的生机与活力；需要国家层面的政策支持，积极构建优秀传统文化传承发展体系目标。实施优秀传统文化传承发展工程，是新时代建设社会主义文化强国的必然抉择，对于传承、弘扬中华文化的血脉、全面提高人民群众的文化素养、增强国家文化软实力，进而对乡村振兴提供文化资源的智力支持具有重要意义。

## 二、优秀传统文化的精神

### （一）深厚的人文精神

人文精神是相对于神学精神而言的，强调人的价值和以尊重人性为基本点。中华文化历史久远，在漫长的历史岁月中形成的人文精神对现代社会具有极大的借鉴意义。中华传统人文精神内容很多，但是其核心可以概括为天人合一、民为邦本的精神思想，求同存异、和而不同的为人处世方式，文以载道、以文化人和育人的教育思想等。人是万物之首，没有了人的主体性，世界将归于寂静的黑暗。在西方和中国先秦之前的时代，神学及神的精神支配着一切，人没有彰显出应有的价值。在文艺复兴和先秦思想的冲击下，人的尊严和价值重新得到了肯定，关心人、尊重人的理念被普遍认同。中华优秀传统文化在人文精神方面可以说走在了世界的前列。不论孔子还是孟子以及后来的儒家和道家都充分肯定了人的价值。

### （二）勤俭持家的节俭精神

勤俭持家是中华民族自古以来就有的传统美德，更是新时代社会可持续健康发展的道德力量、乡村振兴建设的价值基础。勤俭是中华民族的重要传统精神品格，是传统伦理道德的重要思想源泉，是民族坚持不懈奋斗的精神家园，是个人修养、家族兴旺、国家强盛的根基所在。“历览前贤国与家，成由勤俭败由奢”“业精于勤，荒于嬉”“俭，德之共也；侈，恶之大也”等这些前人留下的名言，是人们在生产生活实践中总结出来的思想精华。勤俭作为一种传统美德、一种理性的生活方式、一种存在的理念，在物质较为丰富的新时代，在乡村振兴中仍然具有很大的精神力量。虽然经过 40 多年的改革开放，人们的物质生活水平得到了大幅度的提高，但是勤俭这种传统的文化美德不应该丢掉，相反应该更加大力弘扬。

### （三）敬老爱老的孝道精神

孝道文化是中国传统道德体系的核心内容，是其他一切道德准则的基础。中国文化来源于农耕文化，几千年来，在生产实践中形成了深厚的孝道精神，体现了人的精神价值。“身体发肤，受之父母”，这是多么让人难以忘怀的血缘依附，每个人依托于父母来到这个陌生的世界，在父母含辛茹苦的养育下才能慢慢自立。乌鸦反哺，作为对父母养育之恩的回报，孝敬、赡养父母是情理之中的事。孝由爱小家扩大到爱大家，由爱自己的家推广到爱整个国家、爱人类，最终实现习近平总书记所倡导的人类命运共同体。孝德有助于实现老有所养、老有所终，培养良好的社会道德氛围，促进家庭和谐、社会安定，从而为乡村振兴提供道德支撑和基础。

## 三、传承优秀传统文化的路径

乡村社会自身蕴藏着许多优秀的传统文化，只要精心发现和用心开发，并加以创造性转化和创新性发展，农村精神文明建设的空间就将变得更加宽广。由于这些传统文化一直栖身于乡村社会，长期存在于乡民日常生活之中，因而，从这些传统文化中培育出来的乡风，无疑与农民有着极强的相容性，在农村的生命力也更强大。

### （一）建立文化振兴机制

在当今中国特色社会主义发展阶段，政府的强有力推动是优秀传统文化传承与发展的关键。在乡村振兴的大背景下，产业兴旺、生态宜居、治理有效、生活富裕 4 个方面都有明确的指标体系和运作经验，以乡风文明为标志的乡村文化振兴则是一个相对柔性、需要长期持续运转和不断提升的过程，更需要政府通过体制机制创新，获得持续不断的发展动力。

要将文化振兴作为乡村振兴的重要内容，纳入政府工作计划，作为党和政府高度重视、各部门相互协调的刚性工作。在具体落实上，要保证充足的资金安排，建立可靠的组织体系，配备得力的人力资源，制定科学、合理、可评价、可操作的标准和流程，使文化振兴不再是软任务，而成为硬指标。

### （二）立足农村实际，创造性转化、创新性发展优秀传统文化

创造性转化农村优秀传统文化，要做好中华优秀传统文化向现代转型工作，包括形式上、理念上、内容表达上等多个层面。丰富优秀传统文化的表现形式，赋予其时代内涵，不断增补和充实优秀传统文化。这需要寻求优秀传统文化的基本元素，从源头入手，坚持古为今用，不断推陈出新，深入挖掘中华文化所蕴含的宝贵价值，不断赋予“德、孝、公、廉、敬”等优秀传统文化新的时代内涵，并丰富其表现形式。在农村社会形成“孝敬老人、邻里和睦”的家风家训和“自由平等、公平正义”的社会新风。将中华优秀传统文化与社会主义核心价值体系建设相结合，将中华优秀传统文化中丰富的民族精神转化为今天时代所需要的民族精神和时代精神。在创造性转化和创新性发展过程中，推进美丽乡村建设，为实现乡村振兴提供强大的价值引导力和精神推动力。虽然创造性转化和创新性发展是一个整体，却各有侧重、各有所指。创新性发展农村优秀传统文化，重在使中华优秀传统文化中积极、健康、合理的内容得到应有的运用和发挥，并使其富有新的时代内涵。创新性发展农村优秀传统文化要做到以解决现实问题为宗旨，符合时代要求与农民群众的意愿去创新发展。从传统文化中汲取思想养料，在现实条件下致力于思想和文

化的提升，重在提炼出融入体现时代特点的新内容，既与优秀传统文化相连，又与中国特色社会主义文化相契合。

### （三）深入挖掘农耕文化，用于培育文明乡风

农耕文化有利于凝聚人心、教化群众、淳化民风。如何更好地发挥农耕文化的作用需要认识到以下两点。

第一，我国是一个有着悠久历史的文明古国，有着几千年的农耕文化，所以，中国有着独特的农耕文化资源。农耕文化是农民在长期的农耕实践中形成的适应于农业生产的风俗文化，有着自己独特的文化内容和特征。在农村，农耕文化重点体现在精耕细作中所蕴含和体现的文化内容及元素。在农耕文化的影响下，广大农民有一种勤劳的美德，有一种精益求精的“工匠精神”，这种“精益求精”的工匠精神就是对生产对象特别关注、做事情精益求精。农耕文化所体现的礼俗制度和人际交往理念与文明乡风所体现的社会风俗层面、生活方式层面的内容是相融的，农耕文化中的语言、戏剧、民歌、风俗等与文明乡风的特点相契合。

第二，要致力于增加农村民间农耕文化理事会组织的数量，扩大教化群众的范围。组织数量的增加可以将全体农民广泛地团结起来，把各方面的力量最大限度地凝聚起来。发挥好联系群众的优势，把积极因素凝聚到对农耕文化的发掘上。在增加组织数量的同时，扩大教化群众的范围，建设农家书屋、农耕文化博物馆，打造农耕特色文化礼堂，创建农耕园等活动场所，逐步完善教化群众的组织载体，全面展现农民精神文化生活的发展，以文化凝聚人心、教化群众。

### （四）培养农村传统文化传承人

许多农村传统文化面临发展萎缩、人为破坏严重甚至有消失的迹象，后继无人是造成农村传统文化发展状况窘迫的主要原因，培养农村传统文化传承人是保护农村传统文化、发挥传统文

化对乡风文明建设积极作用的关键。

培养农村传统文化传承人需要保护现有乡村艺人和培养新艺人两手抓。保护现有的乡村艺人，首先，要对当地的农村传统文化进行调研摸底，利用信息技术和互联网技术整理编撰农村传统文化统计册，建立乡村艺人档案库，对农村传统文化保护工作做到“心中有数”。其次，从当地文化建设财政支出中划拨部分资金设立专门款项，给农村传统文化传承人发放津贴补助，用于其开展传统文化或民间手艺的研究及传承，对于一些在生活上存在困难的民间艺人要重点保护，改善其生活和开展传统文化创作与传承的条件。

培养新艺人，一方面要在农村地区通过传统文化展览、乡间手艺竞赛等形式的活动加大传统文化宣传力度，使更多的人认识到传统文化的重要性、知识性和趣味性，吸引大量的农村青年对传统文化和乡间手艺产生兴趣，并投身到农村传统文化的保护、学习和传承中。另一方面，要为农村传统文化或乡间技艺现有传承人创造开展传授文化知识和技艺的条件和平台。通过举办集中性的培训班、定期开展农村传统文化讲堂、创办乡间技能培训学校等，根据不同传统文化和乡间技艺的特征，搭建多样式的传授平台，为传承提供条件，培养更多的传承人。

## 第三节　保护传承农耕文化

### 一、农耕文化的内涵

#### （一）农耕文化的概念

农耕文化是指由农民在长期农业生产中形成的一种风俗文化，以为农业服务和农民自身娱乐为中心。农耕文化集儒家文化与各类宗教文化为一体，形成了自己独特的文化内容和特征，但主体包括语言、戏剧、民歌、风俗及各类祭祀活动等，是中国存在最为广泛的文化类型。

### （二）农耕文化的特点

农耕文化是中国传统文化的基础和重要组成部分，它贯穿于中国传统文化的始终，且影响深远。在农业上，农耕文化对维系生物多样性、保障食品安全、保护生活环境、促进资源持续利用等方面具有重要的价值。

农耕文化中的许多理念、思想和对自然规律的认知（如夏历、二十四节气、阴阳五行等）在现代乡村旅游中具有一定的现实意义和应用价值；在农村和农民的日常生活中，在农业生产中起着潜移默化的作用；在保持本民族特色、传承本国文化传统方面，发挥着十分重要的基础作用。

农耕文化是带有很强的生态环境特点的地域文化。南方北方，各有差异；东部西部，各具特色。我们经常说到的“一方水土养一方人”，还有“五里不同风、十里不同俗”等，都表明了农耕文化的地域性特征。

农耕文化景观是人类认识自然、适应自然、利用自然的历史见证。它兼具自然环境和人类文化两种不同要素和特征，凸显了人与自然之间长期而深刻的关联。

## 二、传承保护农耕文化的意义

农耕文化是我国农业的宝贵财富，是中华文化的重要组成部分，积淀了数千年传统农业社会的智慧和经验。当前，在工业化、城镇化和全球化的浪潮中，传统农耕文化正面临中断和消亡。深入挖掘、保护、传承和发展农耕文化，具有重要的现实意义和深远的历史意义。

### （一）农耕文化蕴含的农耕智慧是推动农业现代化的重要参考

长期以来，为了更好地适应自然、利用自然，中华先民坚持因地制宜、顺势而为，通过趣时和土、辨土肥田、驯化良种等方式，将盐碱地、干旱地、山坡地等改造为良田，将农技农艺相结合，积累形成了丰富的农耕智慧，对于今天推进农业现代化仍有着重要的借鉴意义。

### （二）农耕文化践行的人与自然和谐共生理念为农业绿色发展带来启示

中华农耕文明历经千百年而不衰，主要得益于将山水林田湖草沙视为生命有机体，种养结合、互利共生，实现了人与自然长期和谐共生，形成了天人合一、道法自然的哲学思想和顺时、取宜、循环、节用等生态观念，是当前推进农业绿色发展的重要思想基础。

### （三）农耕文化内含的乡土伦理、礼俗等至今仍具有社会治理的时代价值

农耕文化包含丰富的社会规范、生活伦理、节庆礼仪等人文内容，所传承的耕读传家、勤俭持家、守望相助等中华美德，维系着乡村社会和谐稳定，铸就了乡村的根和魂，对于今天加强农村思想道德教化、淳化乡风民风、坚定文化自信、改善社会治理都具有显著价值。

### （四）农耕文化包含的丰富资源为乡村振兴注入新动能

农耕文化包含着珍贵的传统种质资源、完善的传统耕作技艺、丰富的生物多样性、独特的生态文化景观等，合理开发利用农业文化遗产的丰富资源，对于拓展农业多种功能，发掘乡村多元价值，发展乡村新业态都具有十分重要的作用，可以带动农民就业创业、增收致富，为全面推进乡村振兴赋能。

## 三、传承保护农耕文化的思路

### （一）传承和谐天成的农耕思想

尊重自然、保护自然，追求和谐天成的生态平衡观念，在继承和创新中发展现代农业。发挥传统品种资源优势，助力打好种业翻身仗。加强传统品种资源保护，加强传统品种的收集和改良，强化种质资源开发利用，将重要农业文化遗产地打造成为传统品种的活态保护区。加大优势传统品种的产业开发力度，加强功能性食品研发，延伸产品的产业链和价值链。系统总结和深入挖掘精耕细作、循环利用、物种保护的传统农业技术，与先进适用农机农艺相结合，发展耕地质量提升、化肥农药减量替代、节水灌溉、轮作休耕、病虫害综合防控等绿色技术，用互联网、云计算、大数据等新一代信息技术进行改造，提高技术使用的轻简性和智能化。弘扬传统农业中用养结合、良性循环的生态理念，运用现代生态工程和生态技术，大力发展现代生态农业。

### （二）保护山水田园的乡村生态

引导农村民居适应当地的自然地理、生态气候，形成天、地、人三者和谐共生的有机空间，注重农房的生产功能和生活功能一体，房前屋后花果飘香、鸡犬之声相闻。在乡村规划中保留乡村风貌，在景观设计、建筑形式上注重乡土文化元素植入，从设计风格、空间布局、色彩搭配上尊重乡村机理。在乡村建设中融入乡土味道，农村人居环境整治和传统村落保护利用要在“微改造”上下功夫，配套完善水、电、路、气、讯等基础设施，既让乡村展现田园风光，又让农民享受现代生活。继承传统农业中人与自然和谐共生的生态理念，形成不同主体、不同范围的种养结合、循环农业体系。

### （三）挖掘和传播农耕文化的精神实质

传承和谐共生、守望相助、诚信重礼的思想理念，培育文明乡风，抵制封建迷信等错误和腐朽思想，践行社会主义核心价值观，使农民展现积极向上的精神面貌和精神状态；继承勤劳善良、艰苦奋斗、朴实敦厚的精神品格，培育淳朴民风，遏制农村黄赌毒、大操大办、人情攀比等陈规陋习；弘扬兄友弟恭、勤俭持家、忠孝两全的优良传统，培育良好家风，抑制人情冷漠、奢侈浪费、孝道式微的不良风气。加强优秀农耕文化研究阐发与展示传播，支持天府农耕文明博物馆等农耕主题展馆面向社会、面向大众、面向青少年传播我国农耕文明，推动农业文明史进大学。建设乡愁记忆载体，支持建立乡村农耕博物馆。支持有条件的村建设村史馆或者在村文化室、文化礼堂增设村史展示区域，挖掘和梳理本村的历史、习俗、重大事件和重要人物，推进村落共同记忆的回归。

### （四）发扬耕读传家的优良传统

推动耕读精神更多成为农村家庭的家规家训，用以勉励子孙后代既要有“耕”来维持家庭生活，又要有“读”来提高家庭的文化水平。引导形成“耕”不仅能谋生，还可以从中体悟道与德；“读”不仅能学习文化知识，还可以提高精神修养的思想观念，传递古人对知和行、理论和实践关系的探索，将个人的理想追求和家国情怀紧密联系。加强高素质农民培训，通过耕读传统持续提升农民文化水平和科技素质。对农村人口通过耕读与现代城市文明相互交融流通，在城乡融合发展中不断推陈出新。

### （五）发挥以文化人的治理功效

推动农耕文化所蕴含的应时守则、出入相友、父慈子孝、敬老爱亲、吃苦耐劳等精神品格重构为社会主义核心价值观引领下的现代版“村规民约”，经过村民议事会、村民大会充分讨论后加以固化，利用农村大喇叭、标语、手机推送等形式扩大宣传，将其内化为价值准则，外化为行为规范。弘扬互帮互助、同舟共济、以诚相见的村社伦理，发挥乡村熟人社会特征，有效规避现代市场经济中的道德风险。注重培育新乡贤，把德高望重的“五老人员”、道德模范、乡村能人等纳入新乡贤队伍，持续开展“身边好人”“最美家庭”等评选活动，使其成为乡村和谐稳定的维护者和农耕文化的传承者。

### （六）保护农耕记忆的物质精髓

持续抓好农业文化遗产资源的挖掘，形成更大的社会价值、文化价值、生态价值和经济价值。支持申报更多中国重要农业文化遗产和全球重要农业文化遗产，增强农业遗产影响力。继续加强农村生产生活遗产保护发展工作，发掘和运用其文化元素和工艺理念，遴选一批有群众基础、带动能力强、产业开发潜力大的农村传统手工艺进行重点支持，鼓励非遗传承人、企业、院所等在农村设立传统技艺工作站，发挥传统手工艺在促进农民增收、巩固拓展脱贫攻坚成果中的作用。继续开展“农村手工艺大师”评选，推动更多农村手工艺大师成为“大国农匠”。

### （七）丰富基层群众的文化生活

通过农耕文化的繁荣，丰富农民的精神文化生活，办好以农民为主体的文化体育活动，挖掘不同民族、不同地区传统节庆仪式，融入农民丰收节，破解庆祝形式单一、老百姓参与性不强等问题，使农民丰收节成为展示和传承农耕文化的窗口和平台。创新制度和政策，自上而下开展“文化下乡”的同时，支持引导农民群众自建文化队伍，开展优秀农耕文化传承活动。采取政府购买、项目补贴、定向资助、贷款贴息等政策措施，支持各类文化机构在深入挖掘农耕文化的基础上开展创造性转化，创作出更多农民群众喜爱的农耕文化作品。

### （八）建立农民主体的弘扬路径

传承弘扬农耕文化，要走依靠广大农民、为了广大农民的群众路线，让农民群众切实分享保护传承农耕文化的成果。加大传统村落的保护投入，推动传统村落集中连片保护，在保护和合理改造中提高农民居住的舒适性。建立农耕文化遗产利用的利益分享机制，探索农耕文化遗产所有权入股，进行商业开发时要尊重农民意愿，项目收益按照一定比例分配给当地农民。推动农耕文化植入休闲农业和乡村旅游。挖掘农耕文化资源，发展创意农业，建设以农民为主体的集农事体验、文化展示、科普教育于一体的农耕文化园。

## 第四节　弘扬新乡贤文化

### 一、新乡贤文化的内涵

#### （一）新乡贤

“新乡贤”特指在乡土社会中有影响力和号召力的社会贤达，他们自身具有一定知识水平、道德修养、教育程度和经济实力，并且能够为乡村社会的和谐发展作出贡献。

相比较传统乡贤，新乡贤是传统乡贤在新时代的承继与创新，在乡村社会发展中占据重要地位，他们能够积极响应乡村振兴战略，是引领乡村社会发展进步的乡村能人。

“新乡贤”概念中包括4个维度的“新”。

第一，思想引领“新”，新乡贤能够把握政治大局，能够用先进的思想引领村民，凝聚广泛共识。

第二，道德引领“新”，他们能够以道德引领塑文明乡村。

第三，经济导向“新”，他们有一定的经济基础，能够为推动当地经济发展提供有力的支持。

第四，参与动机“新”，他们对乡村有很强的归属感和认同感，能够适应新时代所实施乡村振兴战略发展的要求。

综上所述，新乡贤是指愿意奉献于乡里，享有较高的声誉，具备一定的政治意识、财富、能力、学识和德行，能够参与到乡村事务管理之中，并积极响应党和国家的政策，团结带领乡村在新时代取得新发展的贤能人士。

### （二）新乡贤文化

新乡贤或者在家乡创业，或者在外面发展，均能以自己的经济实力、管理能力、道德力量等积极参与乡村建设治理，在推动乡村经济、政治、文化、社会发展过程中创造出的物质成果和精神财富，构成所谓的“新乡贤文化”。

新乡贤文化包含和体现中国特色社会主义先进文化的前进方向、人民主体性内容和建设新实践，具有继承性、先进性、道德性、地域性等特征。

## 二、新乡贤文化在乡村振兴中的作用

新乡贤文化孕育发展于中国乡村，在推动“产业兴旺、生态宜居、乡风文明、治理有效、生活富裕”的乡村振兴中发挥着不可替代的作用。

### （一）新乡贤文化培育乡村人才

随着城市化进程的加快，农村青少年纷纷外出就学、就业，并且学有所获、干有所成之后，大多数不愿重回农村，加剧形成农村人才“洼地”，乡村发展活力和动力骤然下降。然而，良好的新乡贤文化，能够让新乡贤强化对故乡的眷恋，在尊重和礼遇中感受到自身价值所在，让他们更愿意荣归故里、建设家乡、贡献力量。

### （二）新乡贤文化培厚文明乡风

新乡贤中，不管是退休官员、优秀党员、道德模范，还是专家学者、科技工作者、成功企业家等，他们既是爱党爱国、遵纪守法、恪守道德的典范，又是拼搏进取、敢于担当、奉献社会的标杆。良好的新乡贤文化，能够使广大群众真切地感受到身边典型的人格魅力和文明力量，向新乡贤的思想水准和行为实践看齐，大力践行社会主义核心价值观，努力传承中华优秀传统文化，守法向善、勤劳节俭等文明乡风为乡村振兴注入原动力。

#### （三）新乡贤文化激励群众致富

新乡贤大多是行业精英、成功人士，他们拥有雄厚资本、先进技术、成熟经验、突出才能、高尚品德、广泛人脉等，在反哺乡亲、引领发展过程中，要么为当地群众提供大量就业平台、致富机会，要么以其品德才能引领激励着家乡群众勤劳致富，既能为家乡创造巨大物质财富，又为乡亲们注入强大精神力量，进而大大增强农村发展的吸引力和后续动力。

#### （四）新乡贤文化赋能基层治理

新乡贤深受基层群众、各类组织欢迎，能够积极引导广大基层群众强化自我认知、自我教育、自我提高，促进家庭和谐、邻里友善、干群融洽，这对于建立健全党委领导、政府负责、社会协同、公众参与、法治保障的现代乡村治理体系大有裨益，在推动乡村自治、法治、德治相融相生过程中，实现乡村社会和谐稳定、活力满满。

### 三、弘扬新乡贤文化的路径

自古以来，“尚贤”“重能”是我们的优良传统，大批贤能人士在建设乡村、回报乡梓中贡献突出。当今，面对乡村人才流失、乡贤文化式微等现状，积极探索出培育弘扬新乡贤文化的有效路径，对建设宜居宜业和美乡村具有重要作用。

#### （一）研究新乡贤文化

研究历代名流士贤的德行贡献，用以弘文励教、建构和谐社会的文化理念与教化策略。相关从事文化研究的机构和学者，注重锤炼历史眼光，肩负时代责任，对本地区的致富能手、道德模范和身边好人等贤达人士及其先进事迹，给予聚焦关注，加以梳理研究，不断凝练提升，发掘新乡贤文化的精神内核、时代价值，为培育弘扬新乡贤文化提供基本内容。

### （二）丰富新乡贤文化建设各类载体

加强农村基层党组织建设，培育和打造一支政治过硬，热爱农村，能力突出，乐于奉献的乡、村两级干部队伍，为抓好新乡贤文化建设提供组织领导保证。通过组织编写有关新乡贤读物，开展道德模范、致富能人等评选，组建“新乡贤宣讲团”，开展先进事迹宣讲，建设新乡贤先进事迹展览馆等，努力健全各类活动载体，培育新乡贤文化。注重借助报刊书籍、广播电视等传统媒体和网络，微信、抖音等新兴媒体，大力宣传新乡贤文化内涵和典型事迹，营造崇贤尚能、见贤思齐的浓厚氛围。

### （三）着力建强新乡贤队伍

以亲情、乡情为纽带，通过节日走访、日常联谊等，多方寻访乡贤，把那些品行好、有能力、热情高、守规矩的新乡贤，认真登记造册，建制新乡贤名录，从数量层面壮大新乡贤队伍。建立新乡贤讲坛、新乡贤文化论坛等，以线上和线下相结合的方式，加强对新乡贤的爱国主义、社会主义核心价值观等内容教育，不断提升新乡贤思想道德水平。同时，加强新乡贤法治教育，帮助其强化法治意识，提高法治素养，增强依法依规参与基层事务和基层管理的能力，做到依法办事，在有序推进乡村治理中助力乡村振兴。

### （四）加强组织管理机制建设

科学有效的管理机制，是推动新乡贤文化发挥应有价值和作用的重要保证。选出公道正派、乐于奉献的老党员、老干部、老教师等，组成新乡贤理事会，让他们做好新乡贤文化培育弘扬的组织领导和日常管理。制定新乡贤理事会规章制度，坚持公开透明管理，自觉接受监督，奖罚分明，不断树立新乡贤理事会的信誉和威信。建立健全新乡贤监督管理机制，确保新乡贤文化积极健康向上。一方面，通过物质奖励和荣誉表彰等激励措施，不断提高新乡贤建设家乡、贡献社会的积极性，形成良好新乡贤文化的浓厚氛围；另一方面，建立健全有关政策法规，加强新乡贤监督管理，使其做事有法可依、有规可循。

# 第八章 践行文明健康生活

## 第一节　学习普通话

### 一、普通话与方言

《中华人民共和国国家通用语言文字法》规定普通话是国家通用语言。

普通话就是现代汉民族共同语，是全国各民族通用的语言，普通话以北京语音为标准音，以北方话为基础方言，以典范的现代白话文著作为语言规范。

方言是根据语言的长期演变而来的，根据其性质差异可分地域方言和社会方言。现代汉语共有七大方言，即北方方言、吴方言、湘方言、赣方言、客家方言、闽方言和粤方言。

推广普通话并不禁止说方言，更不是要消灭方言。我们应该在会说方言的基础上进一步学会国家民族的主体性语言——普通话。

### 二、学习普通话的必要性

语言是重要的交际工具和信息载体，而普通话是国家各个民族、地区进行沟通交流的通用语言，也是拉近人与人之间关系的一座桥梁。推广普通话，营造良好的语言环境，有利于提高国民整体语言文化素养；说好普通话，有利于消除语言隔阂，增进交流，从而增强中华民族凝聚力，对政治经济、文化建设、社会发展具有重要意义。

语言作为交际工具，在农民的日常经济和社会生活中扮演着重要角色。方言和不标准的普通话，在很多情况下限制了农民工的就业机会。在一些普遍使用普通话的行业里，他们常常难以适应，农民工往往因语言不通而影响求职、工作和日常交际。由此可见，熟练掌握普通话是推动乡村振兴的一个关键。

## 三、学习普通话的技巧

快速学习普通话的方法和窍门就是一要多听，二要多练，三要多说。

### （一）多听

除了积极参加农村普通话培训教育之外，通过广播电视学习普通话，成为获取普通话的重要途径。俗话说，耳熟能详。多听一些新闻、朗诵之类的标准普通话，对于农民朋友来说，也可以多听一些农业频道的广播，不仅可以了解农业市场行情，对快速学习普通话也有好处。

### （二）多练

找一些报纸、杂志等文字素材，多读多练，也可以在网络上搜索一些经典的比较有难度的绕口令，可以从短的开始，如《八百标兵奔北坡》《哑巴与喇嘛》等，每天坚持一个绕口令练习 10 遍左右，练的时候，吐字要清晰，不可跳过，有意识地让自己的语速越来越快。练好了基础的绕口令，还可以搜索一些高阶绕口令，如《玲珑塔》《报菜名》等，先一部分一部分地练习，最后合起来练，直至一气呵成、没有停顿和吐字不清的状况。

### （三）多说

与村民在一起交流的时候，可以事先约好说普通话，也可以跟孩子一起说普通话，这样不仅自己的水平提升了，也可以教导孩子们从小开始学说普通话。在某一个环境内，大家都尽量说普通话，这样的进步是最明显的。

## 第二节　摒弃农村陋习

目前，农村地区的生活方式日趋现代化，农民文明程度逐步提高，但依然存在一些陈规陋习。

### 一、人情消费负担过重

在中国人的普遍观念里，“面子”比“里子”更重要，这种思想在农村更加普遍，“人情”成为人和人之间产生联络的重要方式。在农村依然存在“红白喜事”大操大办现象，普遍存在讲究排场、盲目攀比现象。婚宴上比谁家发的名酒名烟多，谁家的菜品昂贵，酒席动辄三五天，一天几十桌。人们往往以礼金的多少来判定关系的远近和感情的深浅，也有人认为自己曾被迫送出的礼金得想方设法以各种名义收回来，以寻求心理上的平衡。有的人为了追求所谓的热闹，将恶俗的闹剧、丑剧带到了神圣的婚礼现场，完全不顾他人的内心感受，瞬间让喜事变味。而举办葬礼也会攀比谁家的乐队规模更大、花车更豪华，通常都是锣鼓震天，招摇过市，使得原本悲伤沉重的祭奠活动变得世俗化，徒增经济负担，同时也严重干扰了交通秩序和他人的正常工作与生活。不良的人情消费阻碍了精神文明建设的发展，种种婚丧陋习的存在，不仅造成了资源浪费，更给农民带来了沉重的经济负担。

### 二、赌博风气盛

在农村，村民的闲余时间较多，而可参与的文化娱乐活动又较少，最常见的消遣活动就是三五成群地打麻将、打扑克，赌博之风十分盛行。村中棋牌室较多，不仅有一些“专业户”长时期“战斗”在牌桌上，现场还会有很多观赌者，也不乏“职业化”的赌徒，他们把这项活动作为发财致富之路，在输光了钱之后不惜借高利贷再赌。有些棋牌室增加了端茶倒水、提供饭菜等服务，由此赌博的人在棋牌室待的时间也会更长。这些人沉迷在牌局之上，不仅给自己的家庭生活，也给农村社会的健康发展带来了严重的隐患。村民在村中赌博，有的人赌得很大，从而引发打架斗殴现象。由于赌博而忽视子女和家人，甚至对家庭不管不顾，造成家庭不和睦，邻里好友反目成仇也时而发生。因此，引起的离婚、经济、刑事案件增多，严重影响了本地的和谐稳定和农村的精神文明建设。

### 三、农村孝道受到严峻挑战

孝文化是中国传统文化的精髓。中华民族自古被誉为“礼仪之邦”“道德之乡”，尤其是对家庭道德中的孝道自古推崇。无论是《弟子规》还是“家书”都曾经在一定范围内倡导并树立良好的“家风”，提倡孝道。然而，随着农村生活节奏的加快和生活方式的转变，传统伦理中最核心的孝道已经变成一种“奢侈品”。“常回家看看”被写入法律条文，这是一种社会进步，更是一种无奈。践行孝道不仅仅是为老人提供基本生活的物质保障，更重要的是要给予老人精神慰藉。虽然大部分子女为父母提供物质生活保障，但是对父母的情感关怀变得冷淡，常年不回家，无暇陪伴父母，即使是回到家中也沉迷于手机、网络，少有儿女能够主动陪父母聊天解闷。近年来，有关为推脱赡养义务，兄弟姐妹相互推诿甚至虐待老人的报道屡见不鲜，虽然这只是个别现象，但这种愈演愈烈的趋势必须引起我们的重视。

## 四、封建迷信思想侵蚀

迷信思想在我国自古就存在，过度迷信危害社会，对于思想觉悟较低的农民群体侵蚀性更大。随着社会的发展进步，农村信鬼神现象不再像旧社会那样泛滥，但仍一定程度地存在，主要表现在以下两方面。一是农村迷信活动盛行。改革开放以来，在国家尊重民风民俗、弘扬传统文化的背景下，由于农民自身的特点，对传统文化不能正确对待，农村迷信活动甚至出现“繁荣”景象，婚娶（用于祭神驱鬼）、购墓、建庙等方面开支渐高，请“阴阳先生”“算命先生”等迷信活动时有发生。二是境外非法宗教在农村传播速度加快。部分农民在潜在的功利心理和迷信思想驱使下，对许多“洋宗教”产生了兴趣，一些迷信活动甚至给农民群众带来生活上的灾难。

## 五、扰乱治安因素增多

一是黑恶势力滋生。尽管我国党风、民风已经得到好转，但仍然存在黑恶势力无视法律法规、为非作歹、欺诈百姓等现象。更为严重的是，某些黑恶势力正在向政治领域渗透，破坏村“两委”选举，通过拉票贿选，谋取权力，成为“村霸”。他们无视国家法律法规，甚至做出坑害百姓之事。

二是邪教和宗族势力抬头。有些邪教组织和非法宗教活动隐形变身、变换花样，散布反动言论，搞乱农民思想，趁机蚕食农村阵地，甚至骗财骗色，愚弄群众。有的黑恶势力把自己作为宗族利益的代言人，打着维护宗族利益的旗号横行乡里，或者煽动本族群众以集体上访为名，冲击乡镇党政机关，影响农村基层党政工作的顺利开展。

三是盗窃、抢劫、诈骗时有发生。盗窃对象从偷鸡摸狗、盗窃家禽家畜、金银钱物等到盗窃国家公共物资，利用网络、传销、推销、集资等手段欺诈农民。

四是假冒伪劣、黄赌毒等丑恶现象影响恶劣。假烟、假酒、假奶粉、假疫苗，以及短斤缺两、卖淫嫖娼、赌博、吸毒等事件时有发生，个别原本民风淳朴的村子竟出现了村民群体性荣辱颠倒、逾越道德底线的现象，严重影响乡风文明建设以及社会的和谐稳定。

## 第三节　倡导健康生活方式

### 一、养成健康生活方式

当好自己健康第一责任人，加强锻炼，坚持规律作息，自觉做好个人及家庭卫生。养成勤洗手、常通风、定期消毒、不随地吐痰、不乱扔垃圾等良好卫生习惯。重视心理健康，保持阳光健康心态，做到饮食有节、起居有常、动静结合、心态平和。

### 二、注重提升文明素养

积极践行社会主义核心价值观，大力弘扬中华民族传统美德，做到文明礼让、谦逊待人、热心助人。深化移风易俗，自觉抵制不科学、不文明言论，增强对各类信息的辨别力，不造谣、不传谣、不信谣。

### 三、做到文明安全出行

倡导文明驾车，自觉遵守交通法规，戴好安全头盔，系好安全带，避免疲劳驾驶、杜绝酒驾醉驾，不超员、不超速，服从交警指挥，做到理性出行、文明出行、安全出行。行人要做到不闯红灯，不乱穿马路，不翻越交通隔离带，不与非机动车争道，不妨碍机动车正常通行。

## 四、倡导推广绿色生活方式

人类最初生活的底色本是绿色的，是与大自然和谐共生的。随着社会物质生活水平的提高，人们生活中因过度消费所带来的环境难题不断增多。大自然以生态危机的方式向人类敲响了警钟。倡导转型生活方式，重塑和拥抱绿色生活方式，成为当下生态文明建设的必然而又紧迫的选择。

绿色生活方式是指在衣、食、住、行、游等方面遵循勤俭节约、绿色低碳、文明健康要求的一种生活方式。绿色生活方式要求人们充分尊重生态环境，重视环境卫生，确立新的生存观和幸福观，倡导绿色消费，以达到资源永续利用。绿色生活方式主张树立尊重自然、保护自然、积极健康的生活理念，要求节制自身对物质的过度欲望，力戒奢侈浪费和不合理消费，通过日常生活中的自律，从小事着手，逐步培育生活方式绿色化的习惯。

绿色消费是实现生活方式绿色化的重要标志和支撑。绿色消费以绿色产品和绿色服务为客体，在产品的整个生命周期，即产品的生产过程、购买和消费过程、使用后的处置过程中注重资源节约、环境保护和生态友好。这就要求我们在衣、食、住、行、游等各个领域，加快向绿色转变。要倡导居民使用绿色产品，倡导民众参与绿色志愿服务，引导民众树立绿色增长、共建共享的理念，使绿色消费、绿色出行、绿色居住成为人们的自觉行动，让人们在充分享受绿色发展所带来的便利和舒适的同时，履行好应尽的责任，以自然、环保、节俭、健康的方式生活。

# 参考文献


21 世纪经济报道，2021. 中国乡村振兴之路白皮书：2021 [M]. 杭州：浙江出版集团数字传媒有限公司.

高秀清，2017. 农村生态环境建设与清洁能源技术 [M]. 北京：中国水利水电出版社.

韩一军，赵霞，2021. 乡村振兴政策与实践 [M]. 北京：中国农业出版社.

王宜伦，2018. 乡村振兴战略：生态宜居篇 [M]. 北京：中国农业出版社.

熊英伟，刘弘涛，杨剑，2017. 乡村规划与设计 [M]. 南京：东南大学出版社.

朱平国，卢勋，2016. 居有其所：美丽乡村建设 [M]. 北京：中国民主法制出版社.

朱再，苏占军，康占海，2016. 生态农业与美丽乡村建设 [M]. 北京：中国林业出版社.

# 附录一　首批全国村级“乡风文明建设”优秀典型案例

2020年4月24日，农业农村部发布首批全国村级“乡风文明建设”优秀典型案例名单。

为进一步推进移风易俗、建设文明乡风，发挥典型案例的示范带动作用，农业农村部组织开展了首批全国村级“乡风文明建设”优秀典型案例征集工作。各省（区、市）农业农村部门积极响应、精心组织，共报送了78个案例。经过评审和公示，评选出北京市通州区于家务乡仇庄村等21个首批全国村级“乡风文明建设”优秀典型案例。

## 1. 北京市通州区于家务乡仇庄村

以“倡、研、推、正、树、扬、习、融、传、展”十字家风为工作模式，完善“家庭、学校、社会、网络”四位一体的教育体系，传承弘扬优良家风。

## 2. 天津市北辰区青光镇韩家墅村

坚持把党建引领作为贯穿乡风文明建设的主线，深入开展“治陋习、树新风”专项整治，从群众反映强烈的乡风文明问题入手，革除陈规陋习，培育时代新风。

## 3. 河北省石家庄市藁城区岗上镇杜村

以凝聚群众、服务群众为核心，念好“传、评、帮、乐、美”五字经，不断加强精神文明建设，推动移风易俗制度化、常态化。

### 4. 山西省运城市盐湖区龙居镇雷家坡村

以“德孝”立村，实施“环境卫生整治、繁荣农村文化、陈规陋习整治、核心价值观融入、文明家风建设、群众自治提升”六大行动，推动形成“尚勤劳、重孝道、守规矩、讲卫生”的文明乡风。

### 5. 内蒙古自治区科右前旗俄体镇双胜村

发挥基层党组织、共产党员、先进典型的“三带”作用，调动社会各方面乡风文明建设的主动性和创造性，让村规民约从墙上“走”进群众的日常生活。

### 6. 吉林省图们市石岘镇水南村

加强党建引领，突出民族特色文化，开展多种形式的民俗活动。通过加强基础设施建设、人居环境整治和大力发展扶贫产业，夯实乡风文明的物质基础。

### 7. 黑龙江省通河县通河镇桦树村

以“仁孝”为主题，推广《弟子规》、二十四孝等传统文化，加强乡风文明的基础设施建设，开展多种形式的群众性文化活动，构建乡风文明长效机制，提升全村精神文明素质。

### 8. 上海市宝山区月浦镇月狮村

建设村史馆记住“乡愁”，开展品牌活动弘扬农耕文化，吸引各界人士走进村落开展志愿服务。以“花漫月狮”为主题，引导村民从赏花、爱花到规模化种植，培育花卉经济支持文化建设。

### 9. 江苏省泰兴市元竹镇蒋堡村

传承和发扬非物质文化遗产（泰兴鼓儿书），用泰兴鼓儿书传唱村规民约、红色文化和民间传说，推进乡风文明建设；采取筹资筹劳、村民自治等方式推进移风易俗。

### 10. 浙江省淳安县枫树岭镇下姜村

将优良的传统美德与社会主义核心价值观相融合，提炼符合时代精神的家规家训，开展家规家训上墙活动，在门庭、中堂等显要位置展示出来，用良好的家风促进乡风文明建设。

11. 安徽省芜湖市湾沚镇桃园村

用好村内文化资源，深挖“中国好人”王能珍等英雄事迹，寻求群众的认同点和传承点，注重以文化人、以文养德，根植乡土文化根脉，传承乡风文明的正能量。

12. 福建省南平市延平区炉下镇斜溪社区村

成立移风易俗工作领导小组和红白理事会、村民议事会、禁赌禁毒会、道德评议会等“四会”，制定红白理事会章程、村规民约，开展移风易俗活动，倡树新风。

13. 山东省曲阜市小雪街道武家村

以新时代文明实践站建设为引领，发扬儒家文化，建设“儒家讲堂”，创新授课形式、丰富活动载体、探索文旅融合等方式，传承发展好传统文化。

14. 河南省兰考县东坝头镇张庄村

创新文明活动载体，通过开办“幸福家园”大讲堂、开展孝老爱亲饺子宴、成立“梦里张庄”艺术团等方式，践行社会主义核心价值观，倡导文明新风，培育村庄文明乡风。

15. 湖北省恩施市盛家坝乡二官寨村

深入挖掘乡村历史，厚植乡村文化底蕴，传承优秀家风家训，积极开展移风易俗，发挥党员表率作用，引导乡村新风尚，弘扬乡村正能量，加强乡村文化建设。

16. 湖南省新化县吉庆镇油溪桥村

探索村民自治“四步走”工作法（制定村规民约，建立户主档案袋，推行积分制管理，公章阳光化管理），调动村民参与村务管理积极性，实现由“替民作主”向“由民作主”的转变。

17. 四川省丹棱县张场镇万年村

通过“道德超市”积分制度发挥激励、约束作用，以道德积分兑换商品，以道德积分推动乡村人居环境整治和乡村治理，培育乡风文明。

18. 云南省宾川县金牛镇罗官村

以客事简办为突破口，传承勤俭节约美德，强化党员示范、典型带动，采取建章立制、多措并举，推进乡风文明建设，促进社会主义核心价值观在农村落地生根。

19. 陕西省延安市安塞区白坪街道冯家营村

挖掘打造腰鼓文化，建立完善“一约四会”，引导农民破除陈规陋习，使农民群众内心有尺度、行为有准则，让基层有支撑，形成摒弃陈规陋习、见贤思齐、村民自治、文明有礼的新风。

20. 青海省门源县西滩乡边麻掌村

突出党建、宣传、示范“三项引领”，注重自治、法治、德治“三治结合”，开展精准扶贫、扫黑除恶、人居环境整治“三大工程”，提升村民思想道德素质，丰富村民精神文化生活。

21. 宁夏回族自治区隆德县凤岭乡李士村

以讲、帮、乐、树、行“五种形式”建设农民精神家园，通过人居环境整治、基础设施建设、草畜产业发展、集体经济壮大等“四个推进”丰润农村发展主体，让文明乡风飞入寻常百姓家。

# 附录二 第二批全国村级“文明乡风建设”典型案例

农业农村部会同国家乡村振兴局组织开展了第二届全国村级“文明乡风建设”典型案例征集推介活动。经过申报、审核、评审等程序，2021 年 9 月，农业农村部将北京市顺义区石家营村等 25 个村级“文明乡风建设”典型案例予以向社会推介。现选取 4 个典型案例，供大家阅读学习。

## 案例 1 浙江省江山市大陈村

大陈村地处江山市北郊，面积 5.2 平方千米，有 7 个村民小组 451 户 1 353 人。2020 年村集体经营性收入达到 80 万元，居民可支配收入超过 2.5 万元，吸引游客 33 万人次，带动周边旅游收益 1 200 余万元。近年来，大陈村围绕“幸福乡村 · 文化大陈”目标定位，挖掘传统优秀古村文化、村歌文化、孝廉文化，依托文化优势，积极推进文明乡风建设，取得了明显成效。

### 一、以传统节会为平台，移风易俗，倡导健康文明新风尚

农历十月十，是大陈村的“老佛节”。这是一个沿袭数百年的传统节日，起源于当地民间秋收后庆丰收、祭拜天地的仪式。进入新时期，“老佛节”渐渐变质，成为了大陈村人请朋邀友，喝酒猜拳的饮食节，精力、财力浪费严重。时代在变，追求美好生活的愿望世代不变。大陈乡大陈村乡、村两级干部顺应村民多

年的过节习惯，因势利导，从 2005 年开始，引导村民们自筹资金、自导自演、自办了移风易俗的文化节。将传统的“老佛节”正式冠名为“大陈麻糍文化节”，将庸俗的吃喝玩乐转换为一系列文化活动，包括古村风貌摄影展、麻糍擂台赛、风味小吃制作比赛、文艺晚会、好媳妇好青年的颁奖仪式等。为了筹备好文化节，文化站帮助村里成立了威风锣鼓队、女子腰鼓队、排舞队、民间座唱班等民间文艺团队，并特地聘请了相关老师辅导教艺。好多村里爱好打扑克、搓麻将的妇女和青年人，都纷纷进了文化团队，他们在亲身参与文艺活动的同时，增长了见识，尝到了乐趣，受到了熏陶，审美情趣、思想觉悟得到不同程度的提升。传统的民俗文化节被赋予了具有时代特色的文化内涵后，受到了村民及各界朋友的认可和赞许，2009 年 3 月初，“大陈麻糍文化节”被列入浙江省非物质文化遗产名录。如今“麻糍文化节”已连续成功举办了十五届，成为了大陈最响亮的文化招牌。2020 年大陈村乘着互联网的东风，将麻糍文化艺术节的影响力不断扩大，活动当天成功举行“庆丰收·迎小康”中国村歌大赛总决赛及颁奖仪式，该项活动由农业农村部牵头主办，受到了广泛关注，其中决赛现场的关注流量达到 2 亿多，极大地宣传、推广了村歌文化，弘扬了文明乡风。

## 二、以古村保护为纽带，产业入驻，建设美丽富裕新村庄

大陈村历史悠久，资产积累丰富，村内古祠气势磅礴，40 多座古民居保存完好，古店铺、古城墙虽历经几百年风雨涤荡，依然古风浓郁、古韵悠扬，是江山北大门唯一一座保存比较完整的古村落，拥有省级文物保护单位 2 处，市级文物保护单位 19 处，文物点 59 处。为了让古村落焕发新颜，大陈乡、村两级干部采取“三步走”措施。第一步，对村内的历史建筑进行修复。

2009年，大陈村通过多方争取项目资金用于古村规划和古道、古建筑、古民居修缮。将珍藏着大陈600年历史记忆的汪氏宗祠改造成高标准的农村文化礼堂，以此为阵地宣传党的方针政策，传播科学文化，开展各类群众喜闻乐见的文化活动。破败的祠堂重新焕发活力，大陈村民在这里重新找到了乡愁的记忆，全国各地的汪氏族人也纷纷慕名前来寻根问祖。第二步，对老村环境脏乱差进行整治。大陈村曾是当地有名的“落后村”，村民乱搭乱建，杂乱无序，生活垃圾乱扔、污水乱排现象严重，脏乱差现象随处可见。这种现象透射出来的是村民一种甘于落后、不思进取的精神状态。大陈村“两委”意识到，要建设文明乡风，首先必须从“清洁家园”抓起。从一把笤帚起步，通过村“两委”干部带头扫，发动党员接力扫，鼓励全体村民自觉跟着扫的方式，经过多年的坚持和努力，扫出了村庄好风貌，大陈村也成为了一个远近闻名的“卫生清洁村”。在此过程中，大陈村形成了独有的“脸面、灶面、桌面、地面”的“四面洁净”文化，并且随着文明乡风建设的深入推进，又延伸出了“美在路面、美在市面、美在门面、美在情面”“新四面美”文化，打造出了一个“面子美、里子更美”的美丽家园。第三步，带动青年回流，促进创业。经过村“两委”商议，村里租下了29处老房子，对外招商，针对年轻创业村民给出了“水电全免、房租减半”的政策。看到村庄的发展和巨大的商机，村民徐芝燕回村投资30万元，租来村内老房开民宿，仅3个房间，网上预订价就达到1 314元，生意火爆；年轻村民汪鑫一直在外做淘宝生意，看到村里变化，回村注册了浙里栖数字科技有限公司，卖起了“妈妈的味道”系列土特产；大陈村年轻媳妇李燕芳回村开手工礼品店，一个月就赚了5 000元。此外，村里还建成了“研学旅行”主题小作坊体验馆，让游客和村民一起体验大陈面制作，品味乡村文化。在大陈村，青年村民回归已成了一种潮流，让在外的“候鸟”回巢创业，既安居、又乐业，村庄也得以焕发新机。

## 三、以文旅发展为契机，和谐同心，培育共同富裕新动能

作为中国村歌发祥地，大陈村以村歌治村的理念，多年来受到了国家、省、市各级领导的肯定。《妈妈的那碗大陈面》和《大陈——一个充满书香的地方》两首村歌，不仅在全村范围内广为传唱，更唱出了江山，唱响全中国。村民们农闲时唱两首，起争执时唱两首，以村歌带动村庄治理。在全省打造“重要窗口”，建设共同富裕示范区的关键节点，大陈村立足实际，用好村歌金名片，将村歌转化成产业，以产业推动治理，推动村庄从唱村歌的 1.0 版本上升到演村戏的 2.0 版本。以本土村民为主体，持续打磨浙西首部红色村歌主题实景剧《你好江山》和沉浸式村歌剧《大陈见面》，发挥“一村两秀”村歌剧魅力，不断造浓村歌文化气息。值得一提的是，《大陈见面》在 2021 年已开演 23 场，带动了周边夜间经济的发展，让村民既“富了口袋”，也“富了脑袋”，赌博打牌、矛盾纠纷等现象逐年减少。同时，组建一支由 60 名本土村民组成的大陈农民合唱队，邀请江山中学专业音乐教师，每周两次排练红色歌曲，作为唯一一支农民合唱队参加“庆建党百年·享美好生活”浙江省群众合唱大赛，与专业队伍同场竞技，荣获“银奖”的好成绩，使得村民们在活动中增长了和气，增添了喜气，营造了其乐融融的氛围。

在做足特色文化推动移风易俗的同时，大陈村也持续做好常规动作，推动文明乡风建设。通过积极开展宣传培训，加强村民职业技能培训和思想道德教育，树立社会主义荣辱观，传承中华传统美德。抓好人才培养，吸纳优秀村民为宣传队伍骨干，邀请专业人士，积极组织开展教学培训，增加村民闲暇时光的文化休

闲活动，增强文化氛围，有效抵制歪风邪气，涵养文明新风尚。

## 案例 2　河南省息县弯柳树村

弯柳树村原名“竖斧村”，源自东晋道学家、医学家葛洪“竖斧春耕”的典故。该村位于河南省信阳市息县路口乡政府南5千米处，全村483户2 375人，南距S337省道5千米，北距息邢高速息县北出口2千米，G230穿境而过。弯柳树村曾是河南省省级贫困村，村基层党组织涣散，环境脏、乱、差，全村没有一条像样的水泥路，塑料袋等固体垃圾随处可见，生活污水肆意横流；村民庸、懒、散，不赡养父母、家庭不睦、邻里不和、喝酒赌博、打架斗殴现象时有发生。近年来，通过开讲堂、办讲座等方式，弘扬中华优秀传统文化，组织村民学习德孝文化，深入推进文明乡风建设，革除陈规陋习，树立文明新风尚。如今弯柳树村村风民貌焕然一新，环境优美，产业兴旺，从一个省级贫困村华丽转身成为乡风文明、产业兴旺的小康村、明星村。

### 一、开讲堂树新风，提升思想道德素质

弯柳树村坚持以道德讲堂为主要阵地，以中华传统节日为主要结合点开展“讲文明树新风”活动，按照农民的兴趣爱好成立多样社团，丰富村民精神生活。2013年弯柳树村开办息县第一个村级道德讲堂，引导村民学习《二十四孝》《婆婆道》《媳妇道》等优秀传统文化，目前已开展道德讲堂200多场次，广大群众道德素质持续提升、内生动力不断增强。被村民称为“赌博队长”的许兰珍主动戒掉牌瘾，成了弯柳树村第二届村民义工团长；被村民戏称为“赌博之家”的骆同军夫妇戒了牌瘾，立志为儿孙做个好榜样；多年前因车祸瘫痪、曾试图自杀的赵久均，

重拾对生活的信心，还积极为村歌舞团创作文艺节目。通过举行道德讲堂等活动，弯柳树村一改过去贫穷愚昧、发展乏力的落后面貌，人人向往新生活，家家生活更幸福，处处展现新气象。如今，走进弯柳树，村庄干净整洁，村民热情好客彬彬有礼，恢宏大气的“弯柳树大讲堂”让整个村子熠熠生辉。

## 二、倡导“德孝”文化，弘扬传承文明家风

孝道文化的最大作用，是唤醒农民的内心文化基因，从而激发村民的内在动力，树立向上志向，树立文明家风。为激励村民参与学习的积极性，从 2015 年开始弯柳树村“两委”每年定期开展“好媳妇”“好婆婆”“好村民”“好乡贤”“十大孝子”等先进表彰活动，截至目前已开展表彰活动 10 余次，评选“好媳妇”“好婆婆”等先进村民 300 多个。活动中，村“两委”不仅给受表彰的村民颁发荣誉证书和礼品，还在村民家门前高高悬挂表彰奖牌；如果是外地嫁来的媳妇，村委会还会敲锣打鼓到其娘家送奖牌。村民王玲面对记者采访时说：“人家都争当好村民、好媳妇、好儿女啥的，跟以前比都有了很大的改变，看着别人改变了，我们再跟以前一样，感觉很丢人。”通过身边榜样和先进典型的引领带动，弯柳树村村民的行为举止在潜移默化中得到改变，再也不见夫妻吵架、邻里不和等现象。

## 三、制定村规民约，弘扬乡村正能量

弯柳树村积极顺应时代发展趋势，突出以党建引领为抓手，以德孝文化为切入口，为脱贫攻坚和乡村振兴注入正能量。在弯柳树村“两委”的组织下，全体村民参与制定了“弯柳树村两约四会”，即《村规民约》、《生态文明公约》、村民议事会、红白理事会、道德评议会、禁毒禁赌会。关注村留守老人的养老问

题，弘扬社会主义正能量。通过共同制定《村规民约》，村民参与意识更加强烈，乡村治理更加规范，村“两委”凝聚力向心力更加强劲，村风民风进一步好转。如弯柳树村第四任义工团团长付新福在临终前立下遗嘱，要求子孙丧事简办，为弯柳树村红白理事活动树立了榜样，得到干部群众的高度赞扬。2018 年，弯柳树村在息县县委县政府开展的乡村振兴“五面红旗”党支部评选中，一举夺得了两面红旗，其中一面就是“乡风文明党支部”红旗。

## 四、发挥村民主体作用，丰富乡土文化特色

弯柳树村在 2014 年组织村民成立了义工团、歌舞团、宣讲团，发挥村民在文明乡风建设中的主体作用，把社会主义核心价值观变成群众的思想底色，文明乡风建设特色鲜明。村义工团成立以来，定期在村里进行义务劳动，不辞辛劳、不计报酬。尤其是在 2016 年开始的垃圾分类工作中，义工团积极引导村民参与垃圾分类，广大村民爱卫生、讲文明的意识显著增强，如今的弯柳树村人人讲卫生、处处皆风景。同时，在村“两委”的组织下，义工团在阴历每月的初一、十五，为 60 岁以上老人举办“孝善敬老饺子宴”，极大提升了弯柳树村村民的幸福感和凝聚力。2015 年，弯柳树村组织村民成立了德孝歌舞团和宣讲团，自编自演了《五星红旗》《婆婆也是妈》《孝和中国》《手拿锄头心向党》《垃圾分类真是好》等优秀文艺节目，受邀到上海、重庆、郑州等地义演 40 多场，把将脱贫致富奔小康的中国农民新风貌展现给更多的人、感染帮助更多的人。

在各级党委、政府的坚强领导下，在广大干部群众的共同努力下，弯柳树村已从曾经的省级贫困村蝶变为全国知名的先进村、明星村，中国文联立项、中央电视台著名导演曲良平执导的

情景音乐报告剧《弯柳树的故事》走上舞台，反映弯柳树村脱贫攻坚事迹的长篇报告文学《小村大道》被河南省委组织部、信阳市委组织部作为“不忘初心、牢记使命”主题教育第二批学习教材，反映弯柳树村巨变的文学作品《光明的道路》《润物细无声》作为向中国共产党建党100周年献礼书出版发行。同时，优秀的文明乡风民风也吸引了9家企业到弯柳树村投资建厂，为弯柳树村提供了600多个就业岗位，村民人均年收入由2012年的不足2 000元提高到2020年的17 800多元，2020年村集体经济收入达到27.8万元，实现了弯柳树村全民物质文明和精神文明双丰收。

## 案例3　北京市顺义区石家营村

石家营村位于北京市顺义区马坡镇西北部，村域面积1 580亩，其中耕地600亩，全村183户555人。目前共有企业25家，近年来村级税收突破1 800万元，村民人均可支配收入超过37 000元，实现了100%优质就业。石家营村高度重视精神文明建设和移风易俗工作，集中力量打造符合时代要求又独具地域特色的乡村文化，推进文明乡风建设。

### 一、与时俱进，坚持党建引领“强村基”

石家营村注重发挥党支部的战斗堡垒作用和党员先锋模范作用，坚持把党的建设作为推进移风易俗、培育文明乡风的重要保障和推动力量，党员带头遏制陈规陋习，以实际行动带动身边人转变思想、更新观念，移风易俗。

一是培养党员树立三种意识。基层党员干部是推进移风易俗工作最基本、最直接、最有效的力量和保障。石家营村着力不断提升全村党员的“党员”意识、“本事”意识和“干事”意识，充分发挥党员的先锋模范作用。为了切实打通服务群众的“最后一公里”，新冠疫情防控、文化惠民、邻里互助等10支志愿者服务队先后组建成立。在疫情发生之初，迅速组建疫情防控服务队，由党员任组长、党员和志愿者任组员，建立了每日4个时段轮岗值班制度，为村庄筑起疫情防控的严密防线，确保全体村民“零感染”。

二是培养村民树立“爱护环境”意识。党员带头做到“砖、瓦、砂、石、木”堆放整齐，从主干道逐步延伸至环路、大小胡同，利用5年时间打造出洁净优美的村容村貌。移风易俗，还体现在传统生活方式的转变上，党员干部带头履行“三不烧”，即不烧柴、不烧煤、不烧垃圾。围绕“为首都PM2.5值下降作贡献、实现保护村民人身和财产安全”的目标，将“禁放烟花爆竹”纳入《村规民约》，持续7年实现烟花爆竹“零燃放”。

三是培养农民树立“主人翁”意识。农民是移风易俗的践行者，是乡村的主人。石家营村始终注重发挥农民的主观能动性，通过组织农民参与《村规民约》的制定，实现《村规民约》的动态调整、动态管理，真正使《村规民约》成为村民的内在追求和外在自觉。

### 二、创新机制，坚持“家”文化“铸村魂”

家庭关系和睦是乡风文明与社会和谐的支点，是推动移风易俗建设的重要力量。在石家营村处处体现着“家”文化，通过农民群众自我管理、自我约束、自我提高，推进移风易俗，不断改善农民精神风貌，提高乡村社会文明程度。家家户户门前都张贴着家风、家训和家庭故事，生动地反映出每个家庭的精神风貌和文明底蕴。创作村歌《和谐石家营》，“你献智慧、我出力量，你培养孩子、我孝敬老人”，通过歌声潜移默化地引导村民敬老爱家。

一是以“婆媳澡堂”“扬孝”。2006 年是社会主义新农村建设的开局之年，石家营村借助新农村建设试点村的政策，建立了 200 平方米的“阳光浴室”，澡堂面向全村免费开放，但前提是年轻人必须陪着老人一起来。儿媳妇陪着婆婆、儿子陪着父亲、孙女陪着奶奶、孙子陪着爷爷，家里没有老人的，可以陪着邻居大爷大妈、大叔大婶一起来。一个巧思，不仅让村里的“婆媳”关系变得亲如“母女”，最重要的是带动了全村的“和谐”，孝亲敬老的风尚更加浓厚。

二是以“老年人精神文明奖和操心费”“修德”。家有一老，如有一宝。为了让村里的老年人健康长寿，村里每年都给老年人发放“营养补助”。后来，为调动老年人参与乡村建设的积极性，更好地发挥其德高望重的优势，村里将从前老年人“理所应得”的“营养补助”变为必须严于律己、乐于助人才能得到的“精神文明奖”。在遵守村规的情况下，每位老年人每月可以得到 150~300 元不等的奖励，反之则取消奖励。通过“以奖代补”，根深蒂固的不文明习惯得到了潜移默化的改变，起到了物质和精神的双重激励作用。针对年轻人和租户的不文明习惯，村里进一步设立“操心费”，每位老年人每月发放 100 元的“操心费”，充分发挥老年人的监督、管教作用，有效遏制了家庭内部的不文明现象。

三是以“村歌”“聚心”。2009 年，石家营村自创村歌《和谐石家营》，两次唱进人民大会堂。成功举办“北京市首届村歌大赛”等活动。村合唱队参加 2018 年江山市“村歌十年·江山盛典”晚会，荣获“最美旋律”“传播好声音先锋人物”两项殊荣。村老年模特队登上了 2019 年全国乡村春晚的舞台。以村歌带文化建设，每逢重大节日，村里都会举办文艺演出，寓教于乐，展现村民健康向上的精神面貌，从而不断培育文明乡风、良好家风、淳朴民风。

### 三、立足长远，坚持个人全面发展“塑村形”

村民的文化素质、技术能力和思想道德水平，直接影响乡风文明的程度和移风易俗的建设，是村庄外在形象的重要展示窗口，彰显着一个村的“精气神”。要实现村庄的可持续健康发展，必须不断提升村民的素质和能力。

一是“三篇文化”提振村庄“精气神”。石家营村 2013 年提出“精神篇”，“时代凝聚村庄血脉，楷模唤起道德气概，善行引领乡风文明，拼搏需要自律自爱”；2014 年提出“孝和篇”，“孝是孝敬的孝，和是和气的和，孝和是美，孝和是德，孝和遍布石家营”；2015 年提出“修养篇”，“静以修身、俭以养德，忠心孝顺、重情重义，恩怨是非、一笑而过”。

二是“四个学习理念”着力打造“学习型村庄”。鼓励村民树立终身学习的思想，全民学习才是硬道理。少年学国学，培养传统美德，弘扬爱老尊老的光荣传统；青年学科学，提高素质，实现自我价值，为国家和自家“小家”增砖添瓦；老年学哲学，让老年人修身养性、开阔心胸、享受党的好政策，健康长寿；干部学政策，提升正确把握政策精神的能力，提升带领村民致富的工作本领。

三是“请学入村”，激励村民努力学习回报社会。积极联系农广校、北京广播电视大学等，邀请老师“送学入村”，免费为村民开办技能培训班、中专班和田间学校等，先后培训村民 500 余人次，中青年村民全部获得中专以上学历，有效提高了村民的专业素质和技能。村里还制定了就业奖励政策，积极帮助村民联系就业、鼓励创业，实现100%优质就业，荣获“北京市充分就业示范村”称号。

## 案例4　辽宁省本溪县肖家河村

肖家河村位于本溪满族自治县高官镇北部，区域面积19.5平方千米，是一个拥有240户、730口人的小山村。全村6个居民组，分布在5个自然屯，村内共有耕地1 900亩，种植作物以玉米居多，间有杂粮和蔬菜，村民的收入以在本村或邻村企业打工、耕种农田为主。村集体经济由村级产业园和企业入股分红等构成，年收入稳定在23万元以上。随着乡村振兴战略实施以及移风易俗等村规的不断深入开展，小村呈现出一片文明景象：庄，临堤，傍岗；红屋瓦，白泥墙；稻田连片，大棚成行；休闲老人乐，秋收人互帮；水落土门浅浅，碾盘山霭苍苍；文化广场扇子舞，产业园里采摘忙。

### 一、守规懂矩，真正移风易俗

没有规矩，不成方圆。肖家河村委会牵头，组织村里威信高、口碑好的老党员、老干部、模范典型、社会志愿者、有技术的村民成立志愿服务队伍，引导全体村民参与制定《村规民约》，集全体村民建议和意见，建章立制。“敬老爱幼、诚实守信、移风易俗、环境整治、工程包干”等众多民生内容写进《村规民约》并得以实施。深入推进移风易俗，建立道德评议会、红白理事会，宣传普及礼仪规范，抵制大操大办、奢侈浪费、厚葬薄养、高额彩礼等不良习气，实现传民风、扬党意、体民情。村里的大事小情由村民做主，村干部、党员带头示范，村民自觉成为村内工作的监督者与执行者。民心顺，风气正，事业兴。

## 二、新人新风，更要喜事新办

榜样的力量是无穷的，肖家河村坚持用身边的榜样，教育引导身边人。

喜事新办——旅行结婚。三组蒋春阁家老二婚事早就提上议事日程，可是小夫妻不见人，老夫妻不张罗，邻里间都按捺不住前去探询，结果年轻小夫妻早已踏上南下的新婚之旅。他们也是几经考虑，与双方老人协商很久才达成的协议，毕竟在农村，娶媳妇这样的大事要风风光光才尽显喜庆。勤劳的蒋家儿子和村里的致富能手景建军是好朋友，景建军早就在城市创下自己的名小吃，蒋老二也早早就对武汉小吃动了心思。南下除了度蜜月还带有考察目的，选个有潜力的武汉小吃带回家乡发展，或者有好公司先打工，积攒资金再回乡创业。把婚宴的费用花在学习考察致富项目上，蒋家人告诉村民，这才是钱花在了刀刃上。

喜事新办——简约婚礼。过去的婚礼，大部分选在春种或者秋收后，正式办婚礼请全村人至少要吃上三天，还要给前来帮忙的乡亲送出看似不可或缺的“装备”。看着热闹的背后，尽显浪费。可是要改掉这样的旧俗，说起来容易，做起来很难。村内两任书记的孩子婚宴都以最简约的方式举行：结婚前一天下午，亲戚近邻帮助准备第二天喜宴饭菜，正式结婚日早早迎娶新娘，娘家、婆家、乡亲一起吃喜宴，然后送走娘家人，礼成。时间、宴请都压缩，婚礼简约却也不缺乏热闹气氛。现在，村内有些婚宴直接选在附近的酒店举行，只邀请双方近亲参加，这样举办婚礼体面大方。

## 三、厚养薄葬，也是守礼重孝

近年来，肖家河村以开展“好人好家风”等活动为抓手，从“孝老爱亲”“助人为乐”“见义勇为”“诚实守信”“敬业奉献”等方面，积极引导和组织全体村民参与到活动评比中来，通过“晒、议、讲、展、秀”环节，积极选树肖家河村好家庭、好邻居、好丈夫、好儿媳、好婆婆典型，弘扬“孝道文化”。让农民在评选的过程中当主人、唱主角儿，以此提升农民道德修养和文明素质，教育引导农民自觉养成自强励志、厚养薄葬、诚实守信、文明有礼、崇德厚朴、互助友爱的优秀品质。

一组王家赵老太太去世的时候已经是 93 岁高龄。王家是村里的大户，传说中的“名门”。老太太历经新旧社会，百世皆过眼目，子孙满堂，曾四世同堂，在村内是备受尊重的老人，去世时依然头不晕眼不花，头发整齐、衣着干净。生前曾留下遗言：丧事要从简，不摆花招、不做道场。外孙是村干部，刚进村上班，绝不可给外孙抹了黑。王家遵照老人遗愿，丧事全部从简，全村百姓对这位德高望重的老人更多了一分敬意。

四组樊可心是村里的老党员，是家中独子，几年前不幸患上绝症，于 2020 年春天去世。依照他的姐妹、女儿们的要求必须大办厚葬，但樊可心生前坚决反对，一是因疫情期间不能给组织、村民添麻烦；二是身为一名老党员，生前一直听党话、跟党走，不能因身后事在群众中造成不良影响；三是樊可心对于生前生活非常满意，厚葬除了浪费，毫无意义。家人们冷静后也都表示同意。丧事虽简，孩子们孝道不缺，亲人的思念不减，传统的孝道仍在传承。

### 四、弃陋从勤，才会民乐村富

近年来，肖家河村围绕“现代农业窗口村、美丽乡村示范村、队伍建设形象村、社会和谐文明村”的发展目标，优化发展环境，迎来了前所未有的发展机遇，“一村一品”初具规模。2019 年秋，占地 35 亩的 8 座特色产业大棚投入建设并使用，

2020 年春，占地 15 亩的木耳产业园，采取“公司+基地+农户（扶贫户）”的生产模式进行生产运营。50 亩中药园开始栽种，百亩产业园进入规模生产，在刘丽、金云霞等老党员的带动下，30 多名妇女加入到产业园的生产热潮中。整地、运苗、栽苗、采收木耳，个个都是能手，她们边劳动边交流生产生活经验，愉悦响脆的笑声在产业园内此起彼伏。这些“重返劳动战场”的女将们表示：打麻将、玩扑克，小说“怡情”，大说那是“赌博”，违法啊！在地里干活，晒太阳真健康，还能挣着舒心的钱，“天天保赢”！怎么算都合适。一年下来，这些原本平日围着锅台转、赌桌转的妇女们，人均年收入增加 7 000 元，将“半边天”的殊荣轻松取回。正是在她们的积极参与下，村级产业快速发展，村集体经济收入增加 10 多万元。

# 附录三　第三批全国村级“文明乡风建设”典型案例

2022 年 10 月，农业农村部、国家乡村振兴局向社会推介北京市房山区青龙湖镇水峪村等 38 个第三批全国村级“文明乡风建设”典型案例。现选取 4 个典型案例，供大家阅读学习。

## 案例 1　湖北省咸宁市崇阳县铜钟乡坳上村

坳上村位于湖北省咸宁市崇阳县铜钟乡东南部，面积 8 平方千米，耕地 834 亩、山林 9 000 亩，下辖 4 个村民小组、8 个自然村湾，共 197 户 730 人。

### 一、把“湾子夜话”作为政策法规的“大讲堂”

“湾子夜话”以自然村湾为单元，全覆盖、多轮次推进，干部群众全员参与。通过召开座谈会，和村民促膝交谈、拉家常，用方言俗语面对面宣讲乡村振兴、移风易俗、村规民约、扫黑除恶、平安创建、环境卫生等相关政策法规和工作要点，村民熟知政策、悟透政策、响应政策的能力不断提升，学法、知法、守法、用法蔚然成风。

### 二、把“湾子夜话”作为作风能力的“磨刀石”

自分田到户后很少开群众大会，面对各家各户，涉及千头万绪，既考验干部对各项政策的熟悉程度，又考验干部的工作作风，既要放下架子，又要掌控场面。村“两委”班子及时学透政策、摸透实情，把握群众利益诉求，有的放矢地进行引导，“湾子夜话”由原来的“吵吵闹闹”转变到如今的“心平气和”。2019年坳上村实施“限塑”行动，但红白喜宴使用一次性餐具仍屡禁不止。在“湾子夜话”中不少村民反映“限塑”很必要，但也要满足举办红白喜宴的餐具需要。为此，村委会专门出资采购陶瓷餐具200套，分发到各个村湾，供村民举办红白喜宴借用，“限塑”行动得到落实。

### 三、把“湾子夜话”作为社情民意的“直通车”

“湾子夜话”畅通了社情民意收集渠道，切实帮助群众解决实际困难。对现场收集的问题，由村委会、驻村工作队汇总梳理，能当场解决的争取当场解决，不能当场解决的，限期跟踪落实到位。有村民反映汛期自来水不够清澈，参与夜话干部当场记录，并协调水利部门，在原自来水储水池的基础上新建净水池，增加一道过滤程序，保障了饮水质量，村民们脸上露出了满意的笑容。

### 四、把“湾子夜话”作为纠纷矛盾的“调解所”

针对当前村里少数矛盾纠纷难以化解的难题，组织群众围成一个圈子，同坐一条凳子，面对面说话，没有鸿沟，没有顾忌，畅所欲言。邻里矛盾纠纷，大家说、大家评、大家议，重点积案还邀请司法所现场说“法”。“当面锣，对面鼓”进行集中夜话，许多问题迎刃而解。因历史遗留原因，部分山林面积确权存在争议，村民矛盾积聚，在村委会积极协调下，对争议山林面积重新测量确权并存档，村民心里的疙瘩终于解开。

### 五、把“湾子夜话”作为乡村振兴的“加油站”

通过“湾子夜话”，围绕村级建设共商共谋，在乡村发展上倾听民间，集中民智。如在推进“归园田居·傲尚”田园综合体项目建设过程中，由于“宁可抛荒不可失地”思想根深蒂固，流转田地遇阻。村“两委”在“湾子夜话”中重点围绕产业发展、乡村布局、土地利用、旅游开发等方面描绘乡村振兴的前景，让村民看到了农村发展的希望和未来。同时组织党员群众代表到柃蜜小镇、雷竹小镇等地参观学习，提高了大家的发展信心，纷纷表态支持项目建设。

## 案例 2　江西省赣州市全南县龙源坝镇雅溪村

雅溪村位于江西省赣州市全南县龙源坝镇东南侧，面积 20 平方千米，耕地 1 654 亩，林地 15 486 亩，有 13 个村小组，共 429 户 1 616 人。

### 一、做好“红色党建”文章，凝聚文明乡风合力

一是强化组织筑堡垒。以“党建+乡风文明”为引领，建立“一组四网格”文明乡风建设组织体系。成立村支部书记为组长、村“两委”委员为成员的村级文明乡风行动领导小组。将全村分为 4 个网格，并和 4 个党小组深度融合，由党小组组长牵头，实行“网格吹哨、干群报到”机制，引导党员干部入网格、进村组积极开展文明乡风行动。二是党员带头作示范。以党员分类管理、党性体检为抓手，推动党员在文明乡风建设中带头示范，全体党员带头签订移风易俗承诺书，妇女小组组长组成的“红娘”队伍，深入未婚青年中宣传低价彩礼“新婚尚”。三是

前移阵地浓氛围。充分利用雅溪古村各类景点，打造土围、石围、陈氏宗祠等新时代文明实践点、乡贤评理堂和文明乡风大舞台，推动形成散落在群众身边的“一站多点”的文明实践阵地。

## 二、做好“金色榜样”文章，激发文明乡风活力

一是村规民约定标准。发动群众结合社会主义核心价值观，参与修订《雅溪家训》和《村规民约》，作为村民为人处世的“金科玉律”；组织成立红白理事会，对婚丧喜事的桌数、餐费、礼金等作出明确规定，引导全体村民遵照执行，营造了“家家有家训、人人懂村规”的良好局面。二是典型示范树标杆。在陈氏祠堂建立乡贤名录、学子金榜，常态化开展“好孩子、好媳妇、好家风、好家庭”评选活动，并颁发家庭“金色四件套”（一副门牌、一副家训、一张全家福、一本荣誉证书），让村民学习有标杆，让模范有荣誉，带动更多群众养成良好家风。三是家风银行强激励。创新开设“家风银行”，发放家风存折，从行孝、积善、讲信、从俭、尚勤等方面细化条款和积分，以村民提供线索、“家风银行”核定的方式获取相应积分，到“家风银行”兑换奖品。2022 年有 40 多户领取了奖品，极大调动村民参与文明乡风建设的积极性、主动性。

## 三、做好“古色文化”文章，增强文明乡风定力

一是农耕文化入人心。通过场景复原、多媒体展示在石围闲置房屋打造二十四节气馆，生动展现二十四节气特征；新建农耕文化展示厅，通过陈列展示当地农村旧时的生产生活老物件，勾勒出客家农耕文化的发展轨迹，做到寓教于乐。二是客家文化聚人心。深入挖掘客家文化资源，打造客家民俗馆，成功申报国家级非遗赣南客家擂茶制作技艺、省级非遗香火龙等省级以上非遗

项目6个。创新非遗项目保护路径，打造擂茶馆，开发舞黄龙、香火龙等表演，在保护传承的同时，又带动村民增收致富，进一步凝聚了村民团结奋进的力量。三是书院文化沁人心。重建雅溪书院，书院藏有近万册线装国学书籍，设有“琴棋书画茶”功能室。依托丰富研学资源，举办中小学生“拜师礼”、“开笔礼”、中国诗歌名家·千年雅溪诗会、大湾区艺术名家采风行、企业团建等活动。

### 四、做好“绿色发展”文章，展现文明乡风魅力

一是环境提升美乡村。按照“不拆房、不填塘、不砍树”的原则，对雅溪古村的古建筑群进行“因形就势、修旧如旧”的保护性修缮，使古村保持了原貌。结合旅游发展，实施水系改造、景观打造、旅游配套设施建设等项目，建成游客集散中心、大型停车场、稻田酒店、星级公厕等设施。二是有机产业富乡村。打造500亩有机蔬菜基地，推动农旅融合。19个蔬菜品种获得有机蔬菜产品认证，主销粤港澳大湾区，雅溪蔬菜基地成为粤港澳大湾区“菜篮子”，辐射带动200多户农户参与发展、稳定增收。

## 案例3　上海市宝山区罗泾镇塘湾村

塘湾村位于上海市宝山区西北部，临近长江入海口，面积1.56平方千米，现有11个村民小组，共378户1 224人。

### 一、健全队伍和制度，培育文明乡风

一是聚焦队伍建设，引领志愿风尚。组建村干部模范队、党员先锋队、小组长宣传队、青年突击队、妇女巾帼队、志愿服务

队、新乡贤参谋队7支队伍，持续发挥“头雁”作用，在乡村振兴示范村和全国文明村创建、疫情防控等重点工作中担当作为，带动群众。二是完善村规民约，宣扬文明风尚。聚焦村民关心、矛盾突出、管理薄弱环节，相继完善违法建筑“六个必拆”、出租房“八禁止”、河道范围“十不准”等村规民约内容，带动村民在建房租房、垃圾分类等方面逐步养成良好习惯。三是创新积分制度，焕文明新气象。将精神激励与物质奖励融入积分管理，围绕村民共议事、护平安、讲文明、美村宅4方面，协商制定移风易俗、房屋租赁、志愿服务、垃圾分类等13项积分标准，依托村内便民小店建立积分超市，发动驻村企业捐助支持积分兑换。村民主动参与疫情防控、美丽庭院创建等事务蔚然成风。

## 二、丰富阵地和活动，繁荣乡村文化

一是树立身边典型榜样。开展“两榜一模范”评选，打造党员光荣榜、村民荣誉榜和道德模范“乡贤廊”，让榜样“上墙”；宣传长期热心参与志愿服务的村民家庭事迹，1户获评宝山区“最美家庭”；坚持发动村民创建“优美庭院”，让庭院成为营造美好环境的阵地，7户被评为镇级“优美庭院”；开展“好家风好家训”评选展示活动，通过“社区通”、公告栏等大力宣传崇德修身、热心公益、孝老爱亲等先进事迹。实行亮牌展示，引导教育村民看身边榜样、学优秀事迹，扬新风正气。二是建设文化阵地。充分利用村级闲置资产，建成文化场馆、农家书屋、乡村舞台等文化活动空间，设置文化墙、法治宣传长廊、新时代文明实践站等宣传阵地。征集村民旧物，建成农家风情馆，陈列生产生活老物件，增强塘湾民俗文化展示；打造国内首家母亲花专题文化园，栽种百余个萱草品种，陈设母婴主题雕塑小品，举办母亲花文化节，弘扬中华慈孝文化。三是组织多彩文化活动。积极争取区、镇文化资源配送到村，多次承办罗泾镇“古韵泾彩”民间文化节、农民篮球联赛、文明风尚四季行等文化活动，举办“唱响塘湾”“书香塘湾”“翰墨塘湾”“古韵塘湾”“众文塘湾”等主题文化活动，不断把优质文化资源带到村间宅头。新乡贤团队定期组织“乡村故事汇”活动，走出塘湾到罗泾各村巡回宣讲，用乡音俗语向村民讲国家政策、家乡变迁。

## 三、盘活农文旅资源，促进村美业兴

一是优化生态环境，实现村庄美丽蝶变。下大力气整治村庄环境，拆除沿河违章建筑、消除毁绿占绿现象，给村民自留地加装围栏，凸显浓郁乡土特色、田园风情。组织党员团员、妇女巾帼等队伍经常性开展巡逻和整治行动，促进道路沿线、河道沟渠、公共地块、村民宅前屋后的日常环境整洁和绿化美化；翻新改造停车点、健身点、休闲点等公共服务场所，创造宜居宜业人居环境，村民生活日益美满。二是弘扬慈孝文化，发展母婴康养产业。围绕母婴康养主题，发展乡村亲子研学业态，先后推出自然课堂、红色寻访、乡村蝶变、乐游畅享等研学线路，“慧跃星”研学营地成为沪上亲子研学品牌。三是融合文旅资源，激发乡村发展活力。探索农文旅融合发展，联合农家风情馆、母亲花文化园、研学营地、美丽村宅等人文和生态景观，将“四喜风糕”“十字挑花”等罗泾本土非遗文化融入观光线路，与邻近4村联动举办美丽乡村徒步赛、大闸蟹品鲜节等乡土节会活动，形成集特色乡土文化、优美田园风光、乡村农事体验于一体的乡村旅游精品线路，每年接待游客万余人次。来塘湾村休闲观光的游客多了，返乡经营创业的年青人多了，村子产业活力迸发，乡愁乡情乡韵在这里绽放出光彩。

## 案例4 吉林省敦化市雁鸣湖镇小山村

雁鸣湖镇小山村地处吉林省敦化市雁鸣湖镇东北方向，北与黑龙江省宁安市镜泊乡接壤，辖区面积101平方千米，下辖3个自然组，全村321户1 064人。

### 一、党建引领，构建乡风文明组织保障

充分发挥基层党组织战斗堡垒作用，把加强基层党建作为培育乡风文明的重要根基。深入开展创建“五好党组织”，依托党群服务中心、农家书屋、新时代文明实践站等场所深入开展宣传教育。组建党员“宣讲小分队”，逐门逐户宣讲党的新思想新理论，有效激发村干部想干事、能干事、干实事的热情。率先提出并开展“村级事务党员代办”活动，建立村级党员事务服务站，实施村民事务代办制等14项党务创新举措。严格落实“四议两公开”工作制度，以公开透明促公平公正，保障群众的知情权、监督权、参与权。“有事找书记、发展靠支部”“听党话、跟党走”成为村民们的新共识，入党成为年青村民的新目标。

### 二、治理有效，搭建乡风文明服务平台

积极推进移风易俗，涵养文明乡风。创新开展“三道模范”评比活动，即善道、孝道、富道，营造追、比、赶、帮、超的浓厚正能量氛围。以家庭为基本单元，常态开展寻找“最美家庭”“好婆婆、好媳妇”“十星文明户”“五好文明家庭”等选树活动，讲好优秀家风故事，传承优秀家训精神。党员干部带头“不办无事酒席，俭办红白喜事”，成立“一约四会”，制定村规民约，统一规定办事标准。制定“三个制度、一个承诺、一个包保

责任状”，实行村民“一户一档”精细化管理，将全村农民以户为单位制定档案，将村民做的好事和劣迹行为记录其中，作为评先选优的重要依据。用蕴含优秀民俗、体现时代风尚的新文化取代旧风俗，焕发乡村文明新气象。

## 三、志愿服务，丰富文明乡风建设内涵

全面抓好志愿服务组织的外引内培，成立党员志愿服务队、巾帼志愿者服务队和宣讲志愿服务队。以村党支部为先锋，采取对外宣传和对内报道相结合的方式，通过宣传栏、横幅、微信公众号和电子屏等及时发布志愿者活动相关信息。持续开展党员卫生大扫除、义务巡逻、消防知识宣传、法治宣传等一系列志愿者服务活动。抓好志愿服务制度建设，推动党员志愿者亮身份、亮形象、亮项目、亮成效。推出志愿者奖励激励计划，对志愿者的活动开展情况和成效进行量化，并给予一定的物质奖励，努力形成有困难找志愿者、挤时间当志愿者的志愿服务氛围。

## 四、文创带动，筑牢乡风文明精神根基

积极践行“两山”理念，努力探索本村生态文明和乡村旅游的协同发展道路，杜绝盲目追求“高”“大”“上”“洋”。深入挖掘本土知青文化、渔猎文化和雁鸣湖文化等，做到讲好一个故事，带动一方百姓。规划建设知青大院民宿、村文化礼堂、张笑天书屋、五同培训基地等设施，同时注重保护和传承民间文化遗产，将特色文化全方位灌输到“吃、住、行、游、购、娱”旅游六要素，致力于让游客吃的有地方风味，住的有特色民俗，玩的有故事可讲，参与的项目体验独特，购买的商品安全放心，真正实现以文促旅、以旅彰文，文旅融合发展。

## 五、多措并举，打造文明乡风宜居环境

推进乡村振兴，里子好，面子也要靓。小山村党支部高标准、全方位改善村内人居环境，全面擦亮湿地村居名片。一是抓规划。村支部采取综合规划、分步实施的办法对全村进行统一科学规划，严格按照规划进行分步实施。二是抓绿化。对村内主要街道和空闲地进行绿化，推行门前五包责任制，实施“美丽庭院、干净人家”评比，建立完善长效机制。三是抓硬化。大力实施“户户通”工程，硬化村内道路，打通群众“门前最后一米”。四是抓净化。积极争取上级项目资金，为全村铺设地下管网，安装地下污水处理设施，将村民排出的污水、粪便进行无害化处理，达标后进行排放。

小山村党支部牢固树立“党建+”的理念，坚持“一个党支部一座堡垒、一名党员一面旗帜”，充分发挥村党支部在发展产业、凝聚人心、助民致富上的领航作用，让农民过上环境美、产业美、精神美、生态美的幸福生活，扎实推进文明乡风建设工作再上新台阶。